合格レッスン！

秘書検定

2級

頻出ポイント完全攻略

「はじめに」にかえて…
秘書検定合格への近道

　皆さんは次の2つの言葉のどちらに心を強くひかれますか。
A「今日できることは、今日する」
B「明日でもいいことは、明日にする」
　私が仕事上さまざまな職種、年齢の人とかかわった経験から、人はAもしくはB、どちらかの傾向を少なからずもっているようです。特に、「時間の使い方」について顕著(けんちょ)に感じることがあります。
　この傾向はA、Bどちらがよい、悪いの問題ではなく、その個人が「時間の使い方に関してどちらの傾向をもって仕事（勉強）をしているか」ということです。この傾向を自分自身の仕事法（勉強法）に上手に取り入れれば、効率よく、気持ちよく仕事（勉強）をすることができるのではないでしょうか。
　Aタイプの人が「今日できることは」→「今日すべき」という「べき」にしばられると自分を追い込むことになります。同様に、Bタイプの人が「明日でもいいこと」→「なんでも明日に回す」となるといいかげんになってしまいます。
　秘書検定に限らず、資格試験全般に共通するのは「時間の使い方が上手な人」ほど合格しやすいということです。時間は性別、年齢、国籍を問わず平等なものです。「勉強時間が取れない人」、逆に「時間がたっぷりあるがゆえに、どう使えばよいのかわからない人」。さまざまな環境の中で皆さんは秘書検定試験受験を考えていることと思います。
　まずは自分のタイプを見極め、陥りやすい傾向に気づき、計画的な時間の使い方をしましょう。それが合格への近道といえます。
　本書は、2級の頻出項目を徹底分析し、「秘書検定合格への最短ルート」をたどるよう作成しています。頻出ポイントだけに内容をしぼり込んであるので、短時間で最大の効果が得られる一冊となっています。また、本書とあわせて姉妹本の『スピード合格！　秘書検定2級頻出模擬問題集』で幅広い問題に数多くふれると、さらに実力がアップします。本書を使って皆さんが秘書検定に合格されることを心より願ってやみません。

　　　　　　　　　　　　　　　　　　　　　　　　　　　著　者

もくじ

秘書検定合格への近道 …………………………………… 3
学習を始める前の基礎知識
- 検定の出題範囲 ………………………………… 6
- 問題を解く際の注意点 ………………………… 7
- 秘書検定はこんな問題です …………………… 8
- 科目内容とおすすめの学習手順 ……………… 15
- 時間の使い方のポイント ……………………… 16

PART 1　一般知識

①企業と経営
- ◆企業のしくみ ……………………………… 18
  [実戦問題]
  ◆人事・労務の知識 ……………………… 22
  [実戦問題]
- ◆企業会計・財務の知識 …………………… 26
  [実戦問題]
- ◆企業法務の知識 …………………………… 30
  [実戦問題]

②社会常識
- ◆生産管理・マーケティング・ニューメディアの知識 ………… 34
  [実戦問題]
- ◆カタカナ用語・略語・時事用語 …… 38
  [実戦問題]

●コラム　自分管理術①
まわりと遮断した時間をもっていますか？ ………………… 44

PART 2　技能

①会　議
- ◆会議と秘書の業務 ………………… 46
  [実戦問題]

②文書の作成
- ◆社内文書 …………………………… 52
  [実戦問題]
- ◆社外文書 …………………………… 56
  [実戦問題]
- ◆社交文書 …………………………… 60
  [実戦問題]
- ◆グラフの作成 ……………………… 64
  [実戦問題]

③文書の取り扱い
- ◆受発信業務と「秘」扱い文書 …… 70
  [実戦問題]
- ◆郵便の知識 ………………………… 74
  [実戦問題]

④資料管理
- ◆ファイリング ……………………… 80
  [実戦問題]
- ◆各種資料の管理 …………………… 84
  [実戦問題]

⑤日程管理・オフィス管理
- ◆日程管理・環境整備 ……………… 90
  [実戦問題]

●コラム　自分管理術②
自分自身の所要時間を把握していますか？ ……………… 96

PART 3 マナー・接遇

①人間関係と話し方・聞き方
◆秘書と人間関係 ……………………98
[実戦問題]
◆話し方・聞き方の基本 …………102
[実戦問題]
◆話し方・聞き方の応用 …………106
[実戦問題]

②敬語と接遇用語
◆敬語の知識 ………………………114
[実戦問題]
◆接遇用語 …………………………118
[実戦問題]

③電話・接遇
◆電話応対の実際 …………………122
[実戦問題]
◆接遇の実際 ………………………126
[実戦問題]

④交　際
◆慶事・パーティーのマナー ……134
[実戦問題]
◆弔事のマナー ……………………138
[実戦問題]
◆贈答のマナー ……………………144
[実戦問題]

●コラム　自分管理術③
計画的に優先順位を
つけていますか？ ………………150

PART 4 職務知識

①秘書の機能と役割
◆組織の中の秘書 …………………152
[実戦問題]

②秘書の業務
◆定型業務と非定型業務 …………156
[実戦問題]
◆職務上の心得 ……………………160
[実戦問題]

●コラム　自分管理術④
合格へのプレッシャーをプラス
に感じるほうですか？ …………164

PART 5 必要とされる資質

①秘書の心構え
◆基本的な心構え …………………166
[実戦問題]

②要求される資質
◆秘書に必要とされる能力 ………172
[実戦問題]

●コラム　自分管理術⑤
プレッシャーをマイナスに
感じてしまったときは？ ………182

模擬問題

模擬問題 …………………………183
模擬問題・解答と解説 …………200

学習を始める前の基礎知識

●検定の出題範囲

★選択問題31問、記述問題4問、合計35問　　　試験時間＝2時間

領域	分野科目※①	出題方式と出題数※②		学習傾向	合格基準
理論	必要とされる資質	選択問題のみ（5つの選択肢から1つ選ぶ→マークシート）	5問	■考え方を問われるので暗記は不向き	**60**%以上正解
理論	職務知識	選択問題のみ（5つの選択肢から1つ選ぶ→マークシート）	5問	■物事のとらえ方を問われるので暗記は不向き	
理論	一般知識	選択問題のみ（5つの選択肢から1つ選ぶ→マークシート）	3問	暗記中心	
実技	マナー・接遇	選択問題（5つの選択肢から1つ選ぶ→マークシート）	10問	暗記中心	**60**%以上正解
実技	マナー・接遇	記述問題※③	2問		
実技	技能	選択問題（5つの選択肢から1つ選ぶ→マークシート）	8問	暗記中心	
実技	技能	記述問題※④	2問		

＊注意
理論70%
実技50%
では合格にならない

※① くわしくは15ページ参照
※② 例年計35問出題されるが、実技領域の出題配分が変わる場合もあります
※③、④ 採点基準、配点などは非公開
※ 試験の内容等は変わる場合があります

学習を始める前の基礎知識

● 問題を解く際の注意点

注意点1
★「適当」「不適当」を間違えない

「適当」を選ぶときは、問題文に○印をつけておきます。同様に「不適当」を選ぶときは×印をつけておきましょう。

注意点2
★選択肢に「○△？×」を仮につけておく

選択肢を読むときに「○△？×（○は適当・正しいもの、△はグレーゾーン〈まぎらわしいもの〉、？はわからないもの、×は不適当・誤り）」を仮につけておき、ケアレスミスを防ぎましょう。迷わなければすぐに解答し、迷った場合はもう一度、問題文と選択肢を読み返し解答します。

注意点3
★正解と思われる選択肢が2つある場合は、選択肢を切り分けてみる

秘書検定では一般的にグレーゾーンと呼ばれる選択肢があります。特に「必要とされる資質」や「職務知識」で多く見られます。そのときは選択肢を切り分け、どの部分がもう一方の選択肢と明らかに違うのか、その部分だけに着目して判断するしかありません。

注意点4
★ひっかけ問題に注意！　問題は最低3回解く

すべてが正解・不正解に思えたりする問題もあると思います。その場合、考えられる原因は「学習が不足している（あいまいな知識）」もしくは「問題を多く解いていない」ということです。

検定試験の学習は
〈1回目〉　覚える→問題を解く
〈2回目〉　不正解部分の知識を補う→問題を解く
〈3回目〉　自分の不得意分野がわかる→問題を解く
　　➡　　知識が定着する
という過程をふみましょう。

学習を始める前の基礎知識

秘書検定はこんな問題です

過去問掲載協力：公益財団法人実務技能検定協会

＊秘書検定の5つの領域「必要とされる資質」「職務知識」「一般知識」「マナー・接遇」「技能」からそれぞれ2問ずつ過去の問題を紹介してあります。問題と解答・解説を読んで、実際の秘書検定の問題の雰囲気をつかみましょう。

1 必要とされる資質

過去問 1　　　　　　　　　　　　　　（80回出題問題）

秘書A子の上司（部長）は、今日は社外のセミナーに出席している。現在10時。常務からX企画の資料が見たいと電話が入ったが、A子はこのことについては何も聞いていないので、資料がどこにあるかわからない。上司は携帯電話を持っているので連絡はできるが、このような場合、常務にどのように対応するのがよいか。次の中から適当と思われるものを一つ選びなさい。

(1) 部長は携帯電話を持っているので、今すぐかけて確認する、少し待ってもらえないかと言う。
(2) セミナー終了後に電話が入ることになっている、そのとき確認するということでよいかと言う。
(3) セミナーのプログラムを確認して、休憩時間に電話してみる、それまで待ってもらえないかと言う。
(4) 昼食休憩の時間なら確実に連絡が取れる、1時少し前に電話しようと思うがどうかと言う。
(5) 今日は終日セミナーに参加しているのだから、急ぎでなければ、明日連絡するように部長に伝えるがどうかと言う。

過去問 2　　　　　　　　　　　　　　（80回出題問題）

秘書A子は二人の上司（Y部長・K部長）についているので、気を使うことが多い。今日もY部長から明日の会議で使う資料の作成を指示されたすぐあとに、K部長から、贈答品の礼状を書いてもらいたいと言われた。次は、このような場合のA子の対処の仕方である。中から適当と思われるものを一つ選びなさい。

(1) Y部長の資料作成は時間がかかるので、K部長にそのことを話して資料作成を先に行う。
(2) 二つの仕事はかかる時間が違うので、どちらを先にすればよいかをY部長とK部長に相談する。
(3) 指示の順通り、Y部長の資料作成を先に行い、K部長から何か言われたら礼状書きに取りかかる。
(4) Y部長の資料作成は時間がかかりそうなので、Y部長に知られないようにして礼状書きを先に行う。
(5) K部長の礼状書きはそれほど時間がかかりそうもないので、Y部長に了承を得て礼状書きを先に行う。

必要とされる資質　[解答・解説]

過去問1　(3)　資料はどこにあるのかわからない。携帯電話に連絡できるとしてもセミナー中では上司にも周囲にも迷惑がかかるし、普通は電源を切っている。したがって、常務には、休憩時間に連絡するのでそのときまで待ってもらいたいというのが適当な対応になる。

×(1) 部長は携帯電話の電源を切っていると思われるので、今すぐかけても確認は取れないであろう。
×(2) 常務も仕事に必要な資料だから、連絡してきたのである。現在10時ということを考えれば、セミナー終了後では対応が遅すぎる。
×(4) (2)の解説通りで、(3)よりも対応が遅くなり不適当。
×(5) (2)の解説通りで、明日連絡ではあまりにも遅すぎる。

過去問2　(5)　上司が二人いるのだからこのようなこともある。だが仕事にはいろいろあるので指示の順にするというわけにはいかない。礼状はすぐに書けるので、指示の順はあとでも先にすませてしまうのがよい。そのためにはY部長の了承を得てすることが適当ということになる。

×(1) (5)の解説通りで、指示の順番通りでは効率が悪いことになる。
×(2) どちらを先に行うかは二人に相談するのではなく、A子が考えなければならないことである。
×(3) (1)の解説通りで、効率も悪いし、何か言われたら対応するようでは秘書としての資質に欠ける。
×(4) Y部長に了承を得てするのが適当な仕事のやり方であり、知られないように行うというのは秘書としての資質に欠ける。

2 職務知識

過去問 1　　　　　　　　　　　　　　　　(80回出題問題)

次は秘書A子が、上司に言ったことである。中から不適当と思われるものを一つ選びなさい。

(1) 会議から戻った上司が、疲れている様子だったので
　　「お持ちするのは、お茶ではなくコーヒーのほうがよろしいでしょうか」
(2) 上司が、W氏が来るのは10日だったかな、と独り言のように言ったとき
　　「スケジュール表では11日になっておりますが、ただ今確認いたします」
(3) 取引先から上司宛てにパーティーの招待状が届いたが、その日は出張の予定が入っていたので
　　「こちらのパーティーの代理出席はいかがいたしましょうか、ご指示くださいませ」
(4) 不意に上司の友人K氏が訪れたが、仕事が立て込んでいるときだったので
　　「今日は忙しくしていると私から申し上げて、お帰りいただくようにいたしましょうか」
(5) 取引先のF氏と電話で、食事の約束をしていたので、電話が終わってから
　　「よろしければいつものレストランを予約いたしましょうか、お日にちはいつでしょうか」

過去問 2　　　　　　　　　　　　　　　　(80回出題問題)

秘書A子の上司（部長）宛てに、上司の友人F氏から電話があった。明日の夕方訪問したいが都合はどうかというものである。上司は外出していて今日は戻らない。また上司には、明日の夕方課長との打ち合わせが入っている。このような場合A子はF氏に、上司の外出のことを言ったあと、どのように対応すればよいか。次の中から適当と思われるものを一つ選びなさい。

(1) 「上司の友人なので何とか都合をつけたいと思うが、急なことなので残念だができない」と言う。
(2) 「せっかくだが明日の夕方は予定が入っていて、会うのは無理だ。日にちを改めてもらえないか」と言う。
(3) 「すでに予定が入っているが、変わる可能性もないではないので、その時刻に来てみてはどうか」と言う。
(4) 「すでに予定が入っているが、用件次第で変更できるかもしれないので、用件を教えてもらいたい」と言う。
(5) 「明日の夕方は予定が入っているが、このことを上司に伝えておくので、明日改めて連絡をもらえないか」と言う。

職務知識 [解答・解説]

過去問1　(4)　仕事が立て込んでいたとしても相手は友人である。上司が自分では断りにくいだろうとの気遣いで、A子はこのように言ったのであろうが、上司は仕事が立て込んでいても会うかもしれない。それを確かめずに「帰ってもらおうか」などと言うのは不適当になる。
〇(1) 上司の好みを察して、飲み物を準備しようとしている適切な態度である。
〇(2) 独り言であったとしても、このように対応するのが秘書として適切である。
〇(3) 上司は出張で出席できないのだから、その対応を秘書はしなければいけない。
〇(5) レストランなどの予約も秘書の仕事なので、このような気配りが必要である。

過去問2　(5)　電話の相手は上司の友人である。明日の夕方の予定は課長との打ち合わせだから、変更できるかもしれない。したがって、「予定が入っている」と言っておいて、あとは上司がどのようにするかの問題であるから、明日連絡をもらうのがよいということになる。
×(1) 上司の了承を得ずに、秘書の勝手な判断で断ってはいけない。
×(2) 上司に確認をしないで、無理だと相手に伝えてはいけない。
×(3) 「来てみてはどうか」と安易に言ってはいけない。もし上司の都合がつかなかったら友人は無駄足になってしまう。
×(4) 用件次第で会うか会わないかを決めるのは上司である。もしも用件を聞くのであれば、「失礼ですが用件を伺ってもよろしいでしょうか」と言うのが秘書としてふさわしい言葉遣いである。

3 一般知識

過去問1　(80回出題問題)

次は、用語とその意味の組み合わせである。中から不適当と思われるものを一つ選びなさい。
(1) インプット　　＝　入力
(2) インパクト　　＝　衝撃
(3) インフォーマル　＝　略式
(4) インセンティブ　＝　奨励金
(5) インサイダー　＝　内部告発

過去問 2　　　　　　　　　　　　　　（78回出題問題）

次の用語の説明の中から、<u>不適当</u>と思われるものを選びなさい。
(1)「融資」とは、求めている人に資金を融通すること。
(2)「固定資産」とは、土地・建物・大きな機械などの資産のこと。
(3)「資金繰り」とは、事業を続けるための、資金のやりくりのこと。
(4)「連結決算」とは、年度の前期と後期をまとめて行う決算のこと。
(5)「不良債権」とは、返してもらえないかもしれない貸した金などのこと。

一般知識［解答・解説］

過去問1　(5)　「インサイダー」とは常識社会の枠の中にいる人。「内部告発」は組織の人が、その組織の悪事や不正を公にすること。
〇(1)「インプット」とは入力のこと。比喩的に知識や情報をつめ込むという意味もある。
〇(2)「インパクト」とは、強い影響力のこと。つまり衝撃のこと。
〇(3)「フォーマル」が公式。その反対が「インフォーマル」で、略式・非公式という意味。
〇(4)「インセンティブ」とは、ある目標に向かって誘導するための刺激・動機となる事物のことで、奨励金もその1つである。

過去問2　(4)　「連結決算」とは親会社が子会社を包含し、企業グループとしての決算をすることを言う。
〇(1) この通りであり、「融資」とは、資金の融通のことである。
〇(2) この通りであり、「固定資産」とは長期的に所有または使用する資産のことである。
〇(3) この通りであり、「資金繰り」とは融資などを受けることである。
〇(5) この通りであり「不良債権」とは貸したが返してもらう見込みのない金のことを言う。

4 マナー・接遇

過去問 1　　　　　　　　　　　　　　（82回出題問題）

次は秘書A子の、上司（部長）に対する言葉遣いである。中から<u>不適当</u>と思われるものを一つ選びなさい。

(1) その人の名前を知っているかと尋ねたとき
「そのかたのお名前を、ご存知でいらっしゃいますか」
(2) 課長が、面談に同席してもらえないかと言ってきたことを伝えたとき
「課長が、面談に同席願いたいと言っておいでですが」
(3) 外出から戻った上司に、昼食はどうするかと尋ねたとき
「お帰りなさいませ。ご昼食はいかがいたしましょうか」
(4) 専務は、2時ごろには戻る予定と伝えたとき
「専務は、2時ごろにはお戻りになるとのことでございます」
(5) 連絡は、T社の誰あてにすればよいかと尋ねたとき
「ご連絡は、T社のどなたさまあてにすればよろしいでしょうか」

過去問 2 (80回出題問題)

次のような場合の、「お返しの上書き」は何と書けばよいか。それぞれ（　）内に一つずつ答えなさい。（答えは漢字で書くこと）
(1) 香典　　　（　　　　）
(2) お祝い　　（　　　　）
(3) 病気見舞い（　　　　）

マナー・接遇［解答・解説］

過去問1　**【(2)】**　「同席願いたいと言って」の部分が不適切である。A子が間に入って言うと「面談にご同席いただきたいとのことでございます」が適切な言い方になる。
○(1)「人」を「かた」、「ご存知で」という言い方が適切である。
○(3)「ご昼食」「いかがいたしましょうか」という言い方が適切である。
○(4)「お戻りになるとのことでございます」という言い方が適切である。
○(5)「どなたさまあて」という言い方が適切である。

過去問2
(1)「志」もしくは「忌明」
(2)「内祝」
(3)「快気祝」もしくは「全快祝」

5 技能

過去問 1　　　　　　　　　　　　　　　　　　　（80回出題問題改）

次は、郵便物とそれを送るのに適した郵送方法の組み合わせである。中から不適当と思われるものを一つ選びなさい。

(1) 重要文書　　　　　　　　＝　簡易書留
(2) ギフト券　　　　　　　　＝　現金書留
(3) 記念式典の招待状　　　　＝　普通郵便
(4) 香典と悔やみ状（同封）　＝　現金書留
(5) 厚みのある商品カタログ　＝　ゆうメール

過去問 2　　　　　　　　　　　　　　　　　　　（80回出題問題）

次は、手紙の書き出し部分である。それぞれの「結語」はどのように書くのがよいかを（　）内に答えなさい。

(1) 前略　取り急ぎご連絡申し上げます。　　　　　　　　（　　　　　）
(2) 拝復　○月○日付のお手紙、まさに拝読いたしました。（　　　　　）
(3) 拝啓　時下ますますご清栄のこととお喜び申し上げます。（　　　　）

技能［解答・解説］

過去問1　(2)　ギフト券とは贈答用の商品券のことである。商品券などの重要物を郵送するときは「書留」で送る（紛失などのときに賠償を受けるため）。「現金書留」は現金専用の書留なので、ギフト券を送ることはできない。
○(1) 原稿などの重要文書は「簡易書留」か「書留」で送る。
○(3) 招待状はお祝いごとなので、料金別納郵便にせず、「普通郵便」で出す。
○(4) この通りであり、「現金書留」は通信文（悔やみ状）も同封できる。
○(5) 定形外で送るよりも「ゆうメール」のほうが安く送れる。

過去問2　(1) 草々　(2) 敬具　(3) 敬具
(1) 頭語が「前略」であれば結語は「草々」になる。ビジネス文書では略式の場合に使われる。
(2)「拝復」とは、こちらから出した文書の返信の際の頭語である。結語は「敬具」になる。
(3) ビジネス文書では頭語が「拝啓」、結語は「敬具」が最も一般的である。

学習を始める前の基礎知識
● 科目内容とおすすめの学習手順

短期学習で合格するには手順が大切！ 本書はこの手順に沿った構成になっています。

手順 1

一般知識（PART1）
- 経営に関する知識
- 簿記・会計・税務に関する知識
- 経済・時事問題に関する知識　など

広く浅く問われる一般知識から手がける。
（暗記中心）

手順 2

技能（PART2）
- 会議の知識
- ビジネス文書の知識
- グラフ作成
- 日程管理　など

社会人としての基礎知識を問われる問題を次に学習。学生の人はとにかく暗記する。
（暗記中心）

手順 3

マナー・接遇（PART3）
- 話し方、聞き方
- 敬語、接遇用語
- 電話・接遇の知識
- 慶事・弔事・交際に関する知識　など

一般に広く通用する知識を問われる問題をその次に学習。学生の人はとにかく暗記する。
（暗記中心）

以上の3つはとにかく覚えること（暗記）がたくさんある。これらを覚えていく過程で、自然と秘書としての考え方や行動の仕方が理解できるようになる。その上で、以下の2つを学習すると大変効率よく学習ができる。

手順 4

職務知識（PART4）
- 秘書の機能と役割
- 秘書的業務　など

秘書としての物事のとらえ方、行動の仕方を問われる問題。問題をくり返し（3回）解くことにつきる。
（暗記不向き）

手順 5

必要とされる資質（PART5）
- 秘書の基本的心構え
- 秘書に必要とされる能力
  など

秘書としての考え方が問われる問題。問題をくり返し（3回）解くことにつきる。
（暗記不向き）

学習を始める前の基礎知識
時間の使い方のポイント

　まずは、下記のポイントの中から「できそうだ」と思うことから始めてみてください。「できそうにもない」と思うことを無理に取り入れると、逆効果になってしまうので注意しましょう。

ポイント1　勉強所要時間を把握する

　「PART1を読む」10分＋「実戦問題を解く」20分＝最低でも私は30分必要、というように、まずは自分自身の勉強所要時間を把握しましょう（科目内容によって所要時間は変わるので注意）。

ポイント2　試験当日までの計画を立てる

　自分の勉強所要時間が把握できたら、試験日まで「何をいつまでに何回（どの程度）勉強するか」が見えてきます。そこで初めて計画が成り立つのです。

ポイント3　調整日を週1日確保する

　どんなに緻密な人でも計画通りにはいきません。勉強計画がどんどんずれ込んで、あせってくる事態を招くこともあるでしょう。週1日、これまでのやり残しをすっきり解消するための「解消日＝調整日」を設けることをおすすめします。

ポイント4　勉強時間にメリハリを

　通勤、通学時間などの「細切れ勉強時間（15分程度）」と、机に向かって勉強する「集中勉強時間（1時間程度）」を、どこでどう確保するかが重要です。メリハリをつけて勉強しましょう。

　以上の4つのポイントを実践すれば、短時間で最大の効果を上げることができます。

PART 1
一般知識

暗記学習中心

[理論] 実試験で**3問**出題（35問中）
→すべてマークシート

出題数はほかに比べ少ないですが、ここの点数が取れるかどうかで、合否が決まる場合が多いようです。とにかくここは暗記して確実にものにしましょう。

合否の分かれ目 「解答と解説」にあるこのマークは、間違えやすい選択肢。注意しましょう。

1 企業と経営
企業のしくみ

POINT!

「株式会社」のしくみ全体を理解すること。

会社の種類

	株式会社		特例有限会社	合同会社	合資会社	合名会社
	公開会社	株式譲渡制限会社				
出資者	株主		社員			
責任範囲	有限責任*①				有限責任	無限責任
					無限責任*②	
出資証券	株式を発行		発行しない			
議決機関	株主総会		社員総会	社員全員の同意による	無限責任社員過半数の決定による議決	
決算公開	必　要		不　要	必　要		

新会社法：2006年5月1日施行。有限会社の廃止（既存の有限会社は存続できるが、新規は不可）。株式譲渡制限会社の制定（取締役会を設置しなくともよい。取締役は1人でもよいなど）などがある。
＊①**有限責任**：会社が倒産した場合、自分が出資した分を放棄すればそれ以上の返済をしなくともよい。
＊②**無限責任**：会社が倒産した場合、自分の財産を処分してでも返済の責任を負わなければならない。

株式会社の特徴

□**株主総会**	会社の意思決定をする経営の最高議決機関のこと。株主総会にて選任されるのは**取締役**と**監査役**。 ■**取締役**…「重役」「役員」などと呼ばれ、会社の経営を任され責任を負う者のこと。 ■**監査役**…会社の経営をチェックする会計監査と取締役の仕事を監査する者のこと。
□**取締役会**	取締役で構成され、経営の基本方針を決定する会。取締役会で**代表取締役**が選任される。 ■**代表取締役**…取締役が複数いる場合は「代表権」をもつ人のこと。「社長」「専務」「常務」などは、法律上の職名ではなく、企業なりの呼び方。法律上の言い方は「取締役」「代表取締役」である。
□**上場企業**	証券取引所で株式が売買されている会社のこと。

1 企業と経営　企業のしくみ

☐ 資本と経営の分離	資本の出資者（株主）が自分では経営せず、株主総会で選任した取締役に任せること。
☐ 株式の売買	出資者（株主）が出資金を回収するときなど、基本的に自由に売買・譲渡できる。
☐ 配当	出資者（株主）が受け取る、その会社の利益の配分のこと。
☐ 増資と減資	広く一般に株主を募集し、会社の資本金を増やすのが増資。逆に事業の見直しや規模縮小のため、資本金を減らすのが減資。
☐ 企業の4つの責任	**1** 株主への責任（利益配当）、**2** 従業員への責任（安定雇用）、**3** 製品・サービスへの責任（適正価格）、**4** 社会への責任（安全・安心）

● 企業の組織

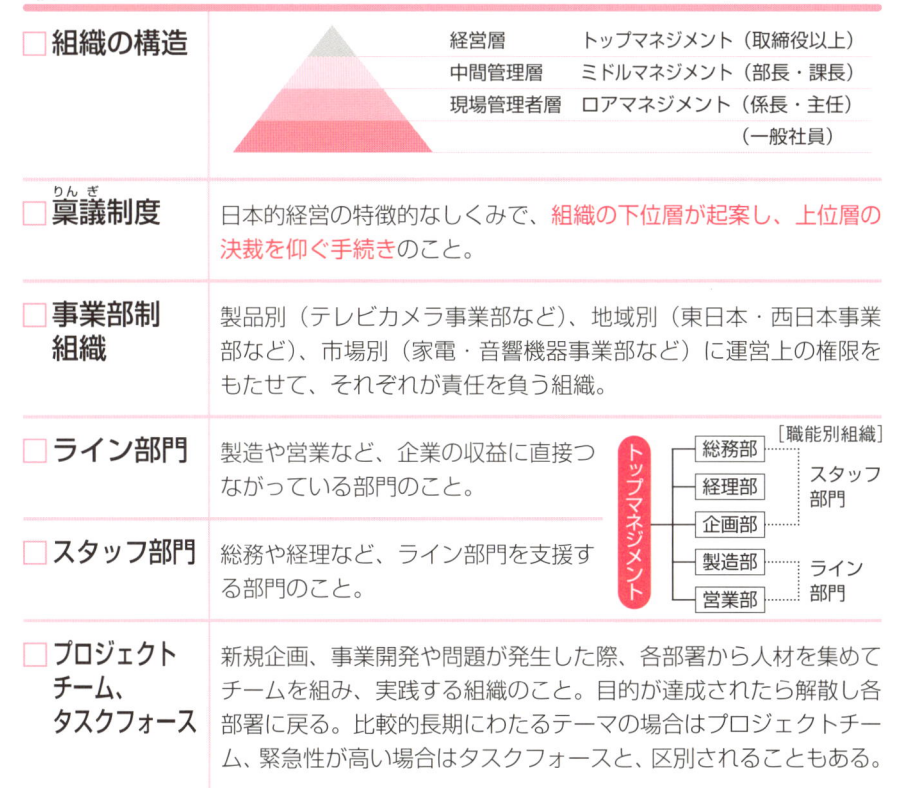

☐ 組織の構造	経営層　トップマネジメント（取締役以上） 中間管理層　ミドルマネジメント（部長・課長） 現場管理者層　ロアマネジメント（係長・主任） （一般社員）
☐ 稟議制度	日本的経営の特徴的なしくみで、組織の下位層が起案し、上位層の決裁を仰ぐ手続きのこと。
☐ 事業部制組織	製品別（テレビカメラ事業部など）、地域別（東日本・西日本事業部など）、市場別（家電・音響機器事業部など）に運営上の権限をもたせて、それぞれが責任を負う組織。
☐ ライン部門	製造や営業など、企業の収益に直接つながっている部門のこと。
☐ スタッフ部門	総務や経理など、ライン部門を支援する部門のこと。
☐ プロジェクトチーム、タスクフォース	新規企画、事業開発や問題が発生した際、各部署から人材を集めてチームを組み、実践する組織のこと。目的が達成されたら解散し各部署に戻る。比較的長期にわたるテーマの場合はプロジェクトチーム、緊急性が高い場合はタスクフォースと、区別されることもある。

［職能別組織］
トップマネジメント ─ 総務部 ┐
　　　　　　　　　　経理部 ├ スタッフ部門
　　　　　　　　　　企画部 ┘
　　　　　　　　　　製造部 ┐ ライン部門
　　　　　　　　　　営業部 ┘

19

実戦問題

問題1 会社の種類

次は、会社の種類とその特徴の組み合わせである。中から不適当と思われるものを選びなさい。

1) 株式会社　　　　　－　株主総会
2) 株式譲渡制限会社　－　株式を発行
3) 特例有限会社　　　－　無限責任
4) 合同会社　　　　　－　有限責任
5) 合名会社　　　　　－　株式発行しない

問題2 株式会社の特徴

次は、株式会社について述べたものである。中から不適当と思われるものを選びなさい。

1) 株式会社の株主は出資金だけの責任を負えばよく、それ以上の責任はない有限責任である。
2) 債権者に支払いが滞っている場合は、大口の出資者（株主）がまずは責任をとって支払う。
3) 株主は株主総会を通じて、会社の経営方針の決定に参画する。
4) 株式会社は資本を不特定多数の出資者から集められるのが特徴である。
5) 出資者（株主）が出資金を回収する場合は、株式の譲渡をする。

問題3 株式会社の特徴

次は、株式会社について述べたものである。中から適当と思われるものを選びなさい。

1) 株主総会は、会社の意思決定する経営の最高議決機関である。
2) 株主総会では取締役の中から、だれを代表取締役にするか決定する。
3) 株式会社の決算とは、出資者（株主）が受け取る、その会社の利益のことである。
4) 株式会社では、資本を提供する株主と会社を経営する者が同一である。
5) 株式会社では、「定款＝企業の活動、事業、組織内容などを定めた根本規則」を作成するが、届出の必要はない。

問題4 企業の組織に関する用語

次は、組織に関する用語とその意味の組み合わせである。中から不適当と思われるものを選びなさい。

1) トップマネジメント
　＝重役や役員と呼ばれる人のことで、会社全体を管理する会長、社長、副社長、専務などを指す。
2) 稟議制度
　＝組織の下位層が起案し上位層の決裁を仰ぐ手続きのこと。
3) ライン部門
　＝その企業の収益に直接つながっている製造や営業部門のこと。
4) プロジェクトチーム
　＝新規事業や開発などのために比較的長期にわたりチームを組む組織のこと。
5) 事業部制組織
　＝トップマネジメントの指揮により、ライン部門とスタッフ部門に分かれ活動している組織のこと。

解答と解説

[問題1] **3) ×** 特例有限会社は「有限責任」である。
1) ○ 株式会社における議決機関（最高意思決定機関）は株主総会である。
2) ○ 2つの株式会社（公開会社、株式譲渡制限会社）は株式を発行する。それ以外の会社は発行しない、と覚える。
4) ○ 合同会社の責任範囲は「有限責任」である。
5) ○ 2)の解説通り、合名会社は株式を発行しない。

> 株式を発行する会社としない会社をしっかり覚えよう！

[問題2] **2) ×** 株式会社は有限責任のため、大口、小口に関係なく、1)の通りである。
1) ○ この通りで、株主には責任の限度がある。
3) ○ 株主は直接経営に携わっているのではなく、株主総会を通じて参画する。
4) ○ 資金が調達しやすいのが特徴である。
5) ○ 株主が出資金を回収する方法は、株式を譲渡する方法と、利益の配分を受け取る方法がある。

[問題3] **1) ○** 株主総会以外に「取締役会」「常務会」などがある。
2) ×「株主総会」で決定するのは「取締役」と「監査役」である。数名の取締役の中から「代表取締役」を決定するのは「取締役会」である。
3) ×「決算」は一定期間内の収入・支出の総計算。株主が受け取る利益のことは「配当」という。
4) × 同一ではなく「資本と経営の分離」＝資本の提供者（株主）が自分では経営せず、株主総会で選任した取締役に任せることが特徴である。
5) × 定款（ていかん）を定め、「登記所」（法務局管轄）へ届出なければならない。

> 「株主総会」と「取締役会」の区別が大切！

合否の分かれ目

[問題4] **5) ×** 「事業部制組織」とは製品別、地域別、市場別に事業部を分けている組織のことである。ライン部門とスタッフ部門に大別されるのは「職能別組織」と呼ばれる。
1) ○ 法律上の「取締役」「代表取締役」を指す。
2) ○ 稟議制度の手続きに沿った様式の文書を「稟議書（りんぎしょ）」という。
3) ○ 自動車会社であれば製造を行う工場や車を販売する営業などがライン部門にあたる。
4) ○ 長期にわたるのがプロジェクトチームで緊急性が高いときはタスクフォースと覚える。

1 企業と経営

人事・労務の知識

POINT!

用語とその意味の組み合わせで問われる。

人事管理の知識

□ 人事管理	従業員の地位・能力・異動などに関する事柄を公正かつ適切に図ること。採用、配属、昇格、社員教育など。
□ 人事異動	現在仕事をしている部署から、ほかの仕事をする部署へ配属が変わること。次のようなものがある。

昇 進	→	役職や序列が上がる縦の異動。（⇔降格） ［例］係長→課長、課長→部長
昇 格	→	資格や等級が上がること。 ［例］社員1級→社員2級（各企業が定めた等級）
降 格	→	役職や序列が下がること。（⇔昇進）
出 向 （しゅっこう）	→	籍はもとの会社のまま、子会社や関連会社へ一時的に異動すること。
左 遷 （させん）	→	従来よりも低い地位や目立たない部署へ異動すること。（非公式用語）

□ 人事考課（こうか）	従業員の業務遂行状況や能力を、一定の基準で査定すること。勤務評定ともいう。昇進、異動の参考にしたり、給与、賞与の査定に用いたりして、適材適所に従業員を配属する資料とするために行う。
□ 自己申告制度	従業員自身から、職務満足度や能力開発の意欲を伝えたり、配置転換（希望職種、勤務地など）の希望を会社に申告したりする制度。
□ 年功序列 賃金制度	賃金や職位を年齢、学歴、勤続年数により決定する制度のこと。
□ 終身雇用 制度	社員が同一の企業に定年まで働く制度のこと。 定年制は一定の年齢に達した従業員を、自動的に退職させること。

労務管理の知識

☐ 労務	会社での、労働に関する事務のこと。
☐ 労務管理	労働生産性を高めるため経営者が従業員に対して行う管理のこと。代表的なものは賃金制度、労働条件、福利厚生。 これらの労務管理を改善・整備することによって、従業員の労働意欲を高め、企業の生産性の向上に結びつけている！
☐ 就業規則	労働条件、人事制度、服務規定などを定めた会社規則。就業時間、休日、休暇、安全、衛生などの事項を定めている。
☐ 裁量労働制	労働時間を個人の判断に任せる制度。何時間働いたかではなく、実績本位で評価する制度。
☐ 労働三法	「労働基準法」「労働組合法」「労働関係調整法」三法の総称。
☐ フレックスタイム制	月または週に一定時間勤務すれば、一定の時間内で自由に出退勤時刻を選べる制度。
☐ コアタイム	フレックスタイム制で各人が共通して勤務している時間帯のこと。

〈フレックスタイム制があり午前11時〜午後3時のコアタイムであるX社の勤務時間例〉

● Aさんは午前9時〜午後6時の勤務（休憩1時間：労働時間8時間）。
● Bさんは午前11時〜午後8時の勤務（休憩1時間：労働時間8時間）。

コアタイムの4時間は全員が勤務している。

☐ モラール・サーベイ	面接やアンケートなどで、従業員のモラール（士気、労働意欲）を測定する手法のこと。科学的管理の1つとして、労働生産性との関連を企業側は注目している。

実戦問題

問題1 人事の知識

次は、用語とその意味の組み合わせである。中から不適当と思われるものを選びなさい。

1) 栄転＝業務拡大のため、会社などが移転すること。
2) 異動＝勤務地や所属、地位などが今までと変わること。
3) 出向＝今の籍を変えずに、ほかの会社などに勤務すること。
4) 具申＝上司に意見などを申し出ること。
5) 内示＝公表する前に、関係者だけに内々に知らせること。

問題2 人事・労務の知識

次は、それぞれ関係のある用語の組み合わせである。中から直接関係のないものを選びなさい。

1) 人事考課　―　昇進
2) 就業規則　―　株主
3) 関連会社　―　出向
4) 福利厚生　―　保養
5) 終身雇用　―　定年

問題3 人事・労務の知識

次は、用語とその意味の組み合わせである。中から不適当と思われるものを選びなさい。

1) 自己申告制度
　＝従業員自身が会社に職務満足や配置転換について伝えること。
2) 職務評価
　＝会社内の各職務を重要度、困難度、責任度合に応じて評価し、序列化すること。
3) 年功序列制
　＝従業員の年齢と勤続年数によって処遇が決まる制度のこと。
4) 人事異動
　＝現在の部署から、ほかの仕事をする部署へ配属が変わること。
5) 人事考課
　＝従業員を定期的に配置がえして、各種の業務を経験すること。

問題4 人事・労務の知識

次は、用語とその意味の組み合わせである。中から不適当と思われるものを選びなさい。

1) トップマネジメント　＝経営層
2) コアタイム　　　　　＝共通勤務時間帯
3) フレックスタイム　　＝一定時間内勤務
4) モラール・サーベイ　＝能力査定
5) モチベーション　　　＝意欲・動機づけ

問題5 人事・労務の知識

次は、用語とその意味の組み合わせである。中から不適当と思われるものを選びなさい。

1) ジョブローテーション
　＝従業員に計画的にいろいろな職場を体験させる育成法。
2) OJT
　＝現場で実際の仕事を通じて、従業員を訓練すること。
3) OFF-JT
　＝現場を離れ、研修所などで集合して訓練を行うこと。
4) モラール
　＝従業員の労働意欲や士気のこと。
5) ルーチンワーク
　＝必ず毎日行われなければならない日報業務などのこと。

1 企業と経営　人事・労務の知識

解答と解説

[問題1] **1）×** 栄転とは今までよりもよい地位になってほかの職務に変わることである。
2）〇 今の部署からほかの仕事やほかの部署へ変わること。
3）〇 籍はもとの会社のまま、子会社や関連会社へ一時的に異動すること。
4）〇 「ぐしん」と読み、意味はこの通りである。
5）〇 「異動の内示（ないじ）があった」などという言い方で使われている。

> 4）の読みと意味は要チェック！

[問題2] **2）×** 就業規則とは、事業所での従業員の規則や労働条件などを定めた規則のこと。株主とは関係がない。
1）〇 人事考課は昇進や異動の参考にすることもある。
3）〇 出向とは関連会社や子会社などへ異動させること。
4）〇 福利厚生とは企業側が従業員のために、保険・住宅・貯蓄・保養などを提供すること。
5）〇 終身雇用とは社員が同一の企業に定年まで働くこと。

> 4）の福利厚生の内容は、ワンランクUPの知識！

[問題3] **5）×** 人事考課とは、従業員の業務遂行状況や能力を一定の基準で査定すること。これはジョブローテーションのことである。
1）〇 従業員の個性と意欲を尊重し、主体的に仕事に取り組んでもらうための手法である。
2）〇 会社の職務の相対的位置づけをすること。
3）〇 従業員の賃金や職位が年齢と勤続年数に準じて決まる制度のこと。
4）〇 勤務地や所属など、配属が変わること。

[問題4] **4）×** モラール・サーベイとは、従業員の「労働意欲」を測定する手法のことで「能力」とは関係がない。
1）〇 トップマネジメントとは取締役以上の経営層のこと。
2）〇 コアタイムは、フレックスタイム制で各人が共通で勤務する時間帯のこと。
3）〇 フレックスタイムは、一定時間内勤務すれば、出退勤時間を選べること。
5）〇 組織の中では、仕事への意欲を引き出すことを「動機づけ（モチベーション）」と呼んでいる。

> 5）のモチベーションという用語の意味を頭に入れておこう！

[問題5] **5）×** ルーチンワークとは、日常の決まりきった仕事のこと。
1）〇 いろいろなことを体験させながら人材育成すること。
2）〇 On the Job Training（オン・ザ・ジョブ・トレーニング）の略。
3）〇 Off the Job Training（オフ・ザ・ジョブ・トレーニング）の略。
4）〇 モラールは一般的に、集団の感情や意識に対して使われる言葉で、モチベーションは個人に対して使われる。

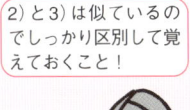

> 2）と3）は似ているのでしっかり区別して覚えておくこと！

1 企業と経営
企業会計・財務の知識

POINT!
会計・財務に関する用語の組み合わせが問われる。用語が難しく感じるが、キーワードで覚えるのがコツ！

☐	**企業会計**	企業の経営活動を経理面から認識し、評価、測定すること。担当する部門は、**財務**、**経理**、**会計部（課）**など。
☐	**決算**	一定期間の企業の成績を明らかにすること。
☐	**財務諸表**	「**貸借対照表**」「**損益計算書**」および「株主資本等変動計算書」のことをいう。決算時に企業が作成する書類。
☐	**貸借対照表**	「**バランスシート**」と呼ばれ、B／Sとも略される、決算日の企業の財務状態を表すもの。**資産**、**負債**、**資本**の状態を明らかにしたもの。
☐	**損益計算書**	「プロフィット・アンド・ロス・ステートメント」と呼ばれ、P／Lとも略される、一定期間（事業年度）の会社の損益を計算し、経営成績を表したもの。

【貸借対照表（B／S）】 決算期・一定時点
平成○年○月○日

資産の部 ・流動資産 ・固定資産 ・繰延資産	負債の部 ・流動負債 ・固定負債
	資本の部 ・資本金など

（左側）　　　　　（右側）
資産＝負債＋資本

【損益計算書（P／L）】 一定期間
自平成○年○月○日
至平成○年○月○日

費用 企業の稼ぎを生み出すのにかかったコスト	収益 企業の稼ぎ
純利益	

（左側）　　　　　（右側）
費用＋純利益＝収益

☐	**債権・債務**	債権は貸した金を請求し、返してもらう権利のこと。債務は借金を返さなくてはいけない義務を負っていること。
☐	**担保**	債務が履行されない場合を想定し、債務の弁済を確保する手段として債務者が債権者に対して、あらかじめ提供しておくもの。主なものに、抵当権がある。

1 企業と経営　企業会計・財務の知識

☐ 資産
企業が所有するすべての財産や権利のこと。
- ●流動資産：通常の営業取引から発生した資産。
　　　　　　［例］有価証券（p.30参照）、現金、預金、売掛金など
- ●固定資産：企業が長期的に所有、または使用する資産。
　　　　　　［例］土地、建物、工場、機械、知的所有権など
- ●繰延資産：次の決算期に費用となる貸借対照表上の資産。

> B／Sの左側に記すのが、この3種類の資産！

☐ 負債
企業が返済すべきすべての債務のこと。
- ●流動負債：通常の営業取引から発生した負債。［例］買掛金、未払金、短期借入金など。
- ●固定負債：支払期限が年を越える負債。［例］長期借入金、社債など。

☐ 売掛金・買掛金
売掛金は、商品を売ってまだ支払ってもらっていない代金のこと。買掛金は、商品を買って（仕入れて）まだ支払っていない代金のこと。

☐ 社債
株式会社が資金調達のために発行する債券のこと。

☐ 損益分岐点
売上高（収益）と費用が一致するところ。利益も損失も出ない境界点のこと。

（グラフ：損益分岐点、利益、費用（変動費＋固定費）、売上高、変動費、固定費）

☐ 減価償却
建物や機械などの資産が使用されることにより、価値が減った分を費用とみなして経理上の処理をすること。

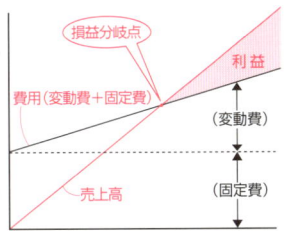

☐ 源泉徴収
会社が給与や賞与を支払う際に、所得税を天引きして、個人にかわって国に納付する制度。

☐ 年末調整
会社員が毎月の給与から、所得税を概算で源泉徴収されているため、正確な所得税と異なることがある。これを年末に正確な税額を算出精算し、調整すること。

☐ 企業の税金

[国税（国が徴収）]	
直接税	所得税（個人の所得に課せられる税金） 法人税（企業の所得に課せられる税金） 相続税、贈与税　など
間接税	消費税、酒税　など

[地方税（地方自治体が徴収）]	
直接税	都民税、市町村民税、事業税 固定資産税、自動車税　など
間接税	地方消費税　など

実戦問題

問題1　企業会計の知識

次の「　」の説明は、下のどの項目のことか。中から適当と思われるものを選びなさい。

「売上高と費用が一致するところで、利益と損失の分かれ目となる売上高のこと」
1）利益分岐点
2）損益分岐点
3）収益分岐点
4）変動費分岐点
5）固定費分岐点

問題2　財務の知識

「財務諸表」とは何のことか。中から適当と思われるものを選びなさい。
1）企業が所有している有価証券を一覧にした書類。
2）企業が債権、資産を統計資料として監督官庁に出す書類。
3）上場企業が、一般に公開するために作成する財務に関する報告書。
4）経営活動の状況を、企業が決算時に利害関係者向けに作成する書類。
5）企業が活動した一連の状況を、関連会社に知らせるための報告書。

問題3　企業会計・財務の知識

次は、それぞれ関係のある語の組み合わせである。中から直接関係のないものを選びなさい。
1）損益分岐点　　―　減価償却
2）棚卸し　　　　―　在庫
3）株主　　　　　―　配当
4）P／L　　　　 ―　損益計算書
5）B／S　　　　 ―　貸借対照表

問題4　企業会計・財務の知識

次の用語の説明の中から、不適当と思われるものを選びなさい。
1）「一般管理費」とは、事業活動をする上で必要とする基本的な経費のこと。
2）「株主資本変動計算書」とは、会社の純資産の変動を表したもの。
3）「固定資産」とは、企業が長期的に所有または使用する資産のこと。
4）「損益計算書」とは、一定期間の企業の損益を計算し、経営成績を表したもの。
5）「貸借対照表」とは、決算日における会社の負債状態を表したもの。

問題5　企業の税金

次は、税に関する用語の組み合わせである。中から直接関係のないものを選びなさい。
1）年末調整　　―　所得税
2）源泉徴収　　―　相続税
3）確定申告　　―　申告・納税
4）直接税　　　―　法人税
5）間接税　　　―　消費税

解答と解説

[問題1] **2) 〇** ポイントは2つ。「売上高(利益)と費用が一致」するところであり、かつ「利益も損失も出ない」つまり分かれ目となるのが、損益分岐点である。
1)、3)、4)、5) 会計用語としてこのような言葉はない。

[問題2] **4) 〇** 財務諸表は「決算時」「利害関係者向け=決算公告」がキーワードである。
1) × これは有価証券報告書のことである。
2) × 統計資料ではない。財務諸表は利害関係者(株主、債権者、税務当局など)に向けたもので、監督官庁に出すものではない。
3) × これは決算もしくは決算書のことである。
5) × 関連会社ではなく、利害関係者が正しい。

> 2)の選択肢の間違いのポイントはしっかり押さえよう!

[問題3] **1) ×** 減価償却とは、企業が所有する建物や機械などの資産が使用されることにより、減った分を費用とみなして経理上の処理をすることである。
2) 〇 「棚卸(たなおろ)し」とは決算や整理のために在庫を調べ、その価額を評定することである。
3) 〇 企業が利益を上げれば株主にはその配分としての配当がある。
4) 〇 損益計算書は「プロフィット・アンド・ロス・ステートメント:P/L」と呼ばれている。
5) 〇 貸借対照表は「バランス・シート:B/S」と呼ばれている。

[問題4] **5) ×** 決算日における「財務状態」を表したもので、負債だけではなく資産や資本の状態も含まれる。
1) 〇 人件費、賃貸料など、活動全般にかかわる費用のことである。
2) 〇 「貸借対照表」や「損益計算書」だけでは資本金の変動が把握しにくいので、この「株主資本変動計算書」が作成される。
3) 〇 土地、建物、工場などがある。
4) 〇 「一定期間の経営成績」がポイントである。

> 1)の「一般管理費」はワンランクUPの用語!

[問題5] **2) ×** 源泉徴収とは所得税を給与から天引きして会社がかわって納税すること。相続税は「直接税」「国税」の1つである。
1) 〇 所得税を年末に算出精算し、調整するのが年末調整である。
3) 〇 所得税の申告納税制度のことを確定申告という。
4) 〇 法人税は企業の所得に課せられる税金のことであり、「直接税」「国税」である。直接税は、税金を支払う人と納める人が一致する税。
5) 〇 消費税は間接税の代表格であり、国税である。間接税は、税金を支払う人と納める人が一致しない税。

1 企業と経営
企業法務の知識

POINT!
手形・小切手の機能説明は難しく感じるが、キーワードで覚えるのがコツ！

□ 有価証券	財産権を表示し、売買ができる証券のこと（手形、小切手、株式、社債、商品券）。
□ 小切手	現金のかわりをする、支払証券という機能をもった有価証券。

銀行に現金を預けて当座預金口座を作ると、銀行から小切手がもらえる。支払いの際に、この小切手に支払い金額を書いて相手に渡す。相手はその小切手を銀行に持参すると小切手と引替に現金を支払ってくれる。つまり、銀行が支払事務の代行をしてくれている。

■ **普通預金**
多くの人がよく利用している財布がわりの預金。企業にとっても、出し入れが自由で使い勝手がよい。

■ **当座預金**
小切手を振り出すことができる預金。振り出した小切手が銀行に呈示されると、銀行はその当座預金口座から小切手に記された金額を支払う。銀行に企業の支払事務の代行をしてもらうための預金。利子がつかない。

◆ **線引小切手（横線小切手）**
振出人が支払銀行に対して、受取人（所持人）に指定の金額を支払うように委託した小切手。受取人がいったん自分の口座に預けないと現金化できない小切手。「一般線引小切手」と、特定の銀行名がある「特定線引小切手」がある（紛失防止、不正取得者に支払わないようにするため）。

◆ **先付小切手**
（先日付小切手）
振り出しの日付を実際の振出日よりあとに設定している小切手のこと。

（小切手見本）
線引　支払銀行
東京都港区高輪1丁目
株式会社 高橋銀行 高輪支店
金額 ￥10,000,000 ※ 振出金額
上記の金額をこの小切手と引換に持参人へお支払いください。
拒絶証書不要
振出日 平成 ○年 6月10日
振出地 東京都港区
振出人 株式会社 和田物産
代表取締役 和田次郎 ㊞
振出人の署名と押印

東京 1301
0098-765

1 企業と経営　企業法務の知識

☐ 手形
信用、約束証券という機能をもつ有価証券。

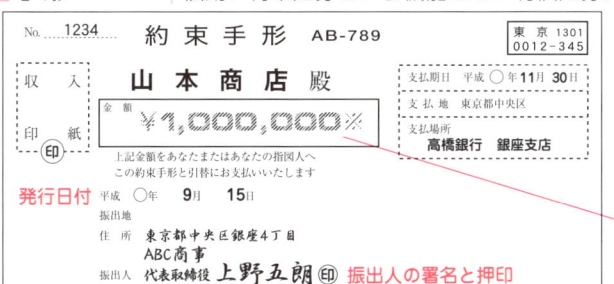

```
No. 1234    約束手形 AB-789    東京 1301
                                0012-345
収入  山本商店 殿    支払期日 平成○年11月30日
印紙  金額 ¥1,000,000※  支払地 東京都中央区
                        支払場所
      上記金額をあなたまたはあなたの指図人へ    高橋銀行 銀座支店
      この約束手形と引替にお支払いいたします
発行日付 平成○年 9月 15日
      振出地
      住 所 東京都中央区銀座4丁目
          ABC商事
      振出人 代表取締役 上野五朗㊞  振出人の署名と押印
```

チェック・ライターで正確にアラビア数字で3桁ごとに「,」(カンマ)を入れる

約束手形	振出人が受取人に対して、一定の金額を一定の期日に支払うことを約束した証券。一般的に銀行が支払人として委託され支払う。裏書（下記参照）することによって、他人に譲渡（じょうと）できる。
為替(かわせ)手形	受取人に支払うよう、振出人が支払人に委託した証券。
手形割引	手形の所持人が手形の支払期日以前に、支払期日までの利息や手数料を差し引いて、現金化すること。短期資金調達を目的に使われる。
不渡(ふわたり)手形	支払銀行において、預金不足のために引き受けや支払いを拒絶された手形のこと。6か月以内に2回出すと取引停止処分を受ける。事実上の倒産となる。

☐ 裏書(うらがき)
第三者に手形や小切手を譲渡する際、その裏面に所持者が譲渡する旨の署名捺印(なついん)をすること。

☐ 押印(おういん)
印鑑(いんかん)を押すこと。捺印と同じ意味。

捨印(すていん)	文書の訂正が発生したときのために、あらかじめ押印しておく印のこと。
割印(わりいん)	2枚の書類にまたがって押す印のこと。
訂正印	訂正箇所に加減字数を記して押す印のこと。
代表印	会社の正式な印鑑。個人の実印にあたる。形は丸や四角などがある。
公印	地方公共団体などの印のこと。
封印	封をしたところに押す印のこと。

☐ 収入印紙
国庫収入となる手数料や税金を納入するときに利用するもの。金額により種類がある。印紙税の課税対象となる文書に貼る。印紙税の納入方法の1つとして、印紙に消印を押す。切手を売っているところで買える。

実戦問題

問題1 小切手と手形の知識

次は、小切手と手形に関する用語である。存在しないものを選びなさい。

1) 横線小切手
2) 先日付小切手
3) 約束手形
4) 工業手形
5) 為替手形

問題2 小切手と手形の知識

次は、用語とその説明である。中から不適当と思われるものを選びなさい。

1) 裏書
　＝手形や小切手を第三者に譲渡するとき、譲渡することを記入すること。
2) 手形割引
　＝支払期日までの利息や手数料を差し引いて、現金化すること。
3) 約束手形
　＝振出人が一定期日に支払うことを約束した、有価証券。
4) 先付小切手
　＝振出日をあとに設定している小切手のこと。
5) 線引小切手
　＝別名横線小切手と呼ばれている。

問題3 企業法務の知識

次は、それぞれ関係のある用語の組み合わせである。中から不適当と思われるものを選びなさい。

1) 給与　　　－　源泉徴収
2) 金利　　　－　確定申告
3) 小切手　　－　当座預金
4) 約束手形　－　支払期日
5) 有価証券　－　ギフト券

問題4 企業法務の知識

次は、用語とその意味の組み合わせである。中から不適当と思われるものを選びなさい。

1) 不渡手形
　＝約束の日に支払いを受けられなかった手形のこと。
2) 資金繰り
　＝事業資金をやりくりすること。
3) 所得控除
　＝所得税を計算するとき、課税所得額から基礎控除、医療費控除などを引くこと。
4) 代表印
　＝地方公共団体などを代表する印のこと。
5) 不良債権
　＝返してもらえないかもしれない、貸したお金のこと。

問題5 企業法務の知識

次は、それぞれ関係のある用語の組み合わせである。中から不適当と思われるものを選びなさい。

1) 累進課税　－　担保
2) 不渡手形　－　倒産
3) 工業所有権　－　特許権
4) 会社更生法　－　企業再建
5) 収入印紙　－　国庫収入

1 企業と経営　企業法務の知識

解答と解説

[問題1] **4) ×**　工業手形というものはない。
1) ○　線引小切手の別名である。
2) ○　先付小切手の別名である。
3) ○　約束手形の名称は必ず覚えること。
5) ○　為替（かわせ）手形の名称は必ず覚えること。

[問題2] **1) ×**　「譲渡（じょうと）することを記入」ではなく「譲渡する旨の"署名・捺印（なついん）"すること」が正しい。
2) ○　「利息や手数料を差し引く」がポイント。
3) ○　「一定期日に支払う約束」がポイント。
4) ○　「振出日をあとに設定」がポイント。
5) ○　この通りで、小切手のすみに2本の平行線がある。

[問題3] **2) ×**　「金利」とは金を貸したり、借りたりしたときの利子のこと。「確定申告」とは、前年分の所得と税額の申告のことなので関係ない。
1) ○　会社が給与を支払う際に、所得税を天引きすることが源泉徴収である。
3) ○　当座預金は小切手を振り出すことができる預金のこと。利子はつかない。
4) ○　一定金額を一定期日に支払うことを約束したのが約束手形。
5) ○　商品券、ギフト券は有価証券である。

[問題4] **4) ×**　「代表印」とは会社の正式な印のこと。地方公共団体などの印は「公印」である。
1) ○　預金不足のため、支払いを受けられなかった手形のこと。
2) ○　借入、売掛金回収などにより、事業資金をやりくりすること。
3) ○　控除額を引いて確定申告をする。
5) ○　一般的には、金融機関がもっている企業に対する債権のうち、元金、利子の回収に支障があるものをいう。

> 5)の「不良債権」はワンランクUPの用語！

[問題5] **1) ×**　「累進課税（るいしんかぜい）」とは課税対象となる金額が大きくなるほど高い税率を適用する課税方式のこと。「担保（たんぽ）」とは債務の弁済を確保する手段のこと（借金を万一返せない場合を考え相手に提供しておくもの）。

> 合否の分かれ目

2) ○　6か月以内に2回不渡（ふわたり）を出すと取引停止処分を受ける。つまり不渡手形を出すということは、事実上の倒産となる。
3) ○　「工業所有権」とは「特許権」「実用新案権」「意匠（いしょう）権」「商標権」の4つの権利を総称したもの。
4) ○　資金繰りなどで経営に行き詰まった会社を破産させずに再建することを目的とした法律。
5) ○　国庫収入となる手数料や税金を納入するとともに利用するもの。

> 「為替手形」「不渡手形」「有価証券」などの法務に関する用語と、「担保」「不良債権」などの財務に関する用語は、組み合わせて出題されるので要チェック！

33

2 社会常識

生産管理・マーケティング・ニューメディアの知識

POINT!

広く浅く覚えるのがコツ。キーワードをしっかり覚えるようにしよう！

🔴 生産管理の知識

□ 生産管理　適切な品質の製品を、適切な量で、適切な時間内に、適切な費用で作るための管理のこと。主な手法は以下の4つ。
1. **QC活動** ……QC（クオリティー・コントロール）は品質管理のこと。製品の品質をよくして、消費者ニーズに合ったものを作る活動。
2. **TQC** …………総合品質管理のこと。QC活動に加えて、非製造・生産部門も含めた全体的な活動。
3. **ZD運動** ……Zero Defectsの略で無欠点運動のこと。生産段階で欠陥をなくす運動。
4. **PDSサイクル** 経営管理での、計画（Plan）、実行（Do）、検討（See）の循環のこと。

🔴 マーケティングの知識

□ マーケティング　製品が生産され消費者の手に渡るまでの一連の商業活動のこと。

市場調査（マーケティングリサーチ）	●消費者がどのようなサービスや商品を求めているかを調査する。
製品計画	●市場調査に基づき、消費者が求める製品を製造するため計画する。
販売計画	●需要予測に基づき、目標売上高を決定。達成可能な計画を立てる。
価格政策	●適正利益を見込んだ価格を設定する。
販売促進	●商品の特性や価格を消費者にアピールしたり、販売強化キャンペーン（おまけつき、賞金が当たるなど）などを実施したりする。
広告・宣伝	●テレビ、新聞、インターネットなどのマスコミを利用し、商品情報を提供し、消費者の購買を促す。
販売活動（アフターフォロー）	●販売計画に沿って売上目標を達成する活動。販売後の保守点検、修理も営業活動につながる。

2 社会常識　生産管理・マーケティング・ニューメディアの知識

● ニューメディアに関する用語

☐	ハードウエア	コンピュータ本体や周辺機器などのモノ的な機器を指す。
☐	ソフトウエア	コンピュータを動かすためのプログラムなど、利用技術全般を指す。
☐	コンテンツ	コンピュータを通じて提供される情報の内容。
☐	データベース	大量の情報を、必要なときに検索して取り出せるよう、コンピュータのデータとして蓄積したもの。
☐	オンラインシステム	離れた場所にあるコンピュータどうしを通信回線で結び、相互にデータのやりとりができるような機能のこと。
☐	ホストコンピュータ	オンラインシステムの中心となるコンピュータ。回線でつながれたコンピュータの情報を一括管理できる。
☐	OA（オーエー）	オフィス・オートメーションの略語。事務処理の自動化のこと。
☐	Web（ウェブ）	World Wide Web（WWW）の略。インターネットから必要な情報を得られるようにしたシステム。
☐	イントラネット	インターネットの環境を、企業内で利用できるようにしたもの。企業内の情報交換が、Webブラウザやメールでできる。重要な情報は、ネットワークを保護するシステムで、外部にもれないようにする必要がある。
☐	LAN（ラン）	企業内や同一建物など、比較的せまい範囲で構築されるネットワーク。
☐	ブロードバンド	広域周波数帯。CATVやADSLなどの通信回線がもつ広い周波数帯を利用し、インターネットへの高速接続や大量データのやりとりができる技術。
☐	光通信	光ファイバーを利用した最新の通信技術で、大量の情報伝達ができる。
☐	電子マネー	貨幣価値を電子情報化したもの。主にインターネットによる電子商取引の決済手段として利用される。

実戦問題

問題1 生産管理の知識

次は、それぞれ直接関係ある用語の組み合わせである。中から不適当と思われるものを選びなさい。

1) ＺＤ運動　　　－　生産管理
2) ＰＤＳサイクル　－　人事管理
3) 就業規則　　　－　労務管理
4) ＱＣ活動　　　－　品質管理
5) ＴＱＣ　　　　－　総合品質管理

問題2 マーケティングの知識

次は、用語とその意味の組み合わせである。中から適当と思われるものを選びなさい。

1) マーチャンダイジング
　＝適切な時期、価格、数量など商品化するための計画と遂行のこと。
2) アンテナショップ
　＝特に商品の売上を強化する目的で作られた店のこと。
3) マーケットセグメンテーション
　＝市場の初期動向を早くつかみターゲットとする消費者を絞り込むこと。
4) ＰＯＳシステム
　＝パネル、ポスターなど店頭に設置される宣伝システムのこと。
5) キャンペーン
　＝需要予測に基づき目標売上高を決定し実行する期間のこと。

問題3 マーケティング・ニューメディアの知識

次は、用語とその意味の組み合わせである。中から不適当と思われるものを選びなさい。

1) カンバン方式
　＝部品などの在庫を限りなく少なくする方法のこと。
2) ＩＴ産業
　＝コンピュータ技術やインターネットを活用した産業のこと。
3) ＰＯＰ広告
　＝パネルやポスターなど店頭に設置される宣伝広告のこと。
4) Ｅメール
　＝インターネットや携帯電話を利用して文字や画像などの情報を送受信するシステム。
5) マルチメディア
　＝地域や企業など限られた範囲での情報ネットワークのこと。

問題4 ニューメディアの知識

次は、略語とその正式名の組み合わせである。中から不適当と思われるものを選びなさい。

1) ＯＡ　　＝オフィス・オートメーション
2) ＩＰ　　＝インターネット・プロトコル
3) オフコン＝オフィスコントロール
4) ハード　＝ハードウエア
5) ハイテク＝ハイテクノロジー

問題5 情報処理・コンピュータの知識

次は、用語とその意味の組み合わせである。中から不適当と思われるものを選びなさい。

1) イントラネット＝企業内情報交換
2) ＰＯＳ　　　＝販売時点情報管理システム
3) 仮想現実　　＝バーチャルリアリティー
4) データベース＝狭範回線
5) 仮想商店街　＝バーチャルモール

2 社会常識　生産管理・マーケティング・ニューメディアの知識

解答と解説

[問題1] **2）×**　「PDSサイクル」とは人事管理ではなく経営管理に関係している。計画（Plan）、実行（Do）、検討（See）の循環のことである。
1) ○　ゼロ・ディフェクツの略で、生産段階で欠陥をなくす運動のこと。
3) ○　就業規則とは会社規則のことなので、労務管理に関係する。
4) ○　QCはクオリティー・コントロールのことである。
5) ○　TQCはトータル・クオリティー・コントロールのことである。

[問題2] **1）○**　この通りであり「商品化計画」と呼ばれている。消費者が求める製品を製造するのが「製品計画」であり、並行してマーチャンダイジングが行われる。
2) ×　「アンテナショップ」とは消費者の動向を調べるために作られた店のことである。
3) ×　「マーケットセグメンテーション」とは市場細分化のことであり、市場を地域や年齢、性別など細かく分類し、適した販売活動を行うこと。
4) ×　「POSシステム」とは「販売時点情報管理システム」のことであり、販売時点で商品の売れ行き（何が売れているか）や消費者の情報（どんな人が買ったか）が収集できるシステム。
5) ×　「キャンペーン」とは販売促進の一環として行われる組織的な宣伝活動のこと。

[問題3] **5）×**　「マルチメディア」とは音声・画像・文字・動画の各情報が同時に表示できるコンピュータ技術のこと。
1) ○　トヨタ自動車グループが始めたもので、必要なときに必要な部品・資材が供給されるシステムのこと。
2) ○　「IT」とは「インフォメーション・テクノロジー」の略で、コンピュータやインターネットなどの情報技術のことを指す。
3) ○　店頭の宣伝広告のことで、「販売時点広告」と呼ばれている。
4) ○　電子メールのことであり、現在幅広く活用されている。

[問題4] **3）×**　正しくはオフィスコンピュータのこと。オフィスコンピュータは、一般の事務処理に使われるコンピュータのこと。
1) ○　オフィス・オートメーションとは事務処理の能率向上のための自動化のこと。
2) ○　一般的にIP電話などに使われ、電話回線のかわりにインターネットのネットワークを利用して通話するもの。
4) ○　コンピュータ機器本体や周辺機器などのこと。
5) ○　「ハイテクノロジー」とは先端科学技術のこと。

> コンピュータやネットワーク業界は日々進化しているので、2)のIPのような新しい用語も新聞などを読むようにして、チェックしておこう！

[問題5] **4）×**　「データベース」とは大量の情報を必要なときに検索して取り出せるよう、コンピュータのデータとして蓄積したもの。
1) ○　インターネットの環境を企業内で利用できるようにしたもの。
2) ○　ポイント・オブ・セールスのことで、店頭でバーコードで入力した売上データをホストコンピュータに送って、売上や在庫管理を行うこと。
3) ○　コンピュータを利用し、あたかも現実にその環境を体験しているかのように実感させるもの。
5) ○　インターネットを利用してショッピングができる店を集めたサイトのこと。

2 社会常識
カタカナ用語・略語・時事用語

POINT!

だいたいの意味を覚えるまで3回はくり返し学習すること。

● カタカナ用語

重要用語	意味	重要用語	意味
□アウトサイダー	部外者 ⇔インサイダー	□オペレーション	操作
□アウトソーシング	業務の一部を一括して他企業に請け負わせる経営手法	□ガイドライン	指標、指針
		□カテゴリー	範囲、部門
		□キャパシティー	能力、受容量
		□キャピタルゲイン	株などの値上がりで得た利益。資本利得
□アカウント	勘定、請求書		
□アクション	動作、行動	□ギャランティー	出演料、保証料
□アセスメント	評価、査定	□クオリティー	品質
□アメニティー	環境の快適性	□クリエーティブ	創造的、独創的
□イニシアチブ	主導権	□クレジット	信用
□イノベーション	革新、改革、開発	□コーディネーター	各分野で調整と情報交換を業とする人
□イレギュラー	不規則なこと、変則なこと		
		□コーディネート	調整
□インパクト	強い影響力のこと	□コールドチェーン	冷凍、冷蔵、低温運送システム
□インフォームド・コンセント	十分な説明と同意		
		□コスト	生産にかかる費用
□エージェント	代理業、代理店	□コストパフォーマンス	商品の価値、費用に対する生産性のこと
□エコビジネス	環境保全に関するビジネスの総称		
		□コネクション	縁故、接続、連絡
□オーガナイザー	主催者、組織者、設立者	□コマーシャルベース	商業の採算
		□コミッション	委託手数料
□オーソリティー	権威、権威者	□コミュニティー	地域社会
□オールマイティー	万能なこと	□コメンテーター	時事解説者
□オピニオン	意見、世論	□コンシューマー	消費者
□オフィシャル	公式の、職務上の	□コンスタント	一定
□オブザーバー	傍聴者、会議には出席するが議決権のない人	□コンセプト	概念
		□コンセンサス	合意

2 社会常識　カタカナ用語・略語・時事用語

重要用語	意味	重要用語	意味
□コンタクト	接触	□ディスプレイ	陳列
□コンディション	調子、具合	□ディテール	詳細
□コンテンツ	内容、目次	□ディベロッパー	開発者、宅地開発業者
□コンパクト	小型	□デッドライン	ぎりぎりの線 最終期限
□コンビネーション	組み合わせ	□デリケート	繊細
□コンフィデンシャル	秘密	□テリトリー	受け持ち地区
□コンペティション	競争、試合、競技会	□デリバリー	配達
□サテライトオフィス	本社と離れ職住接近を目的とした、都市周辺に置くオフィスのこと	□トップダウン	上位層の意思決定に部下（下位層）が従う管理方式
□サポート	援助、支援	□トライアル	試み、試行
□サンプリング	全体の状況を推定するために、いくつか標本を抽出（ちゅうしゅつ）すること	□トレンド	動向
		□ニート	Not in Employment, Education or Training の頭文字を取ったもの。就職も教育も職業訓練も受けていない人のこと
□シミュレーション	模擬実験	□ネゴシエーション	交渉、折衝（せっしょう）
□ジョイントベンチャー	共同企業体。複数の企業が共同で行う事業	□ノウハウ	専門的な技術やその蓄積のこと
□シルバービジネス	高齢者を対象にした事業のこと	□ノベライゼーション	テレビ映画作品を小説にすること
□シンクタンク	頭脳集団。専門家を集め、基礎・応用研究から開発、コンサルタントまで応じる企業組織	□ノベルティー	宣伝を兼ねて客集めのために消費者に配布する品物
□スケールメリット	規模が大きくなることによる利点	□ノンバンク	非銀行金融機関
□スポークスマン	報道関係者に発表する担当者	□バイオテクノロジー	生命工学、生物学に工業的技術を応用したもの
□セキュリティー	安全	□バラエティー	多様性
□セクション	部門	□バリアフリー	高齢者や障害者などだれもが生活していく上で障害になるもの（段差など）を取り除くこと
□ダウンサイジング	設備の小型化		
□ダメージ	損害		
□チェーンストア	各地に店舗を作り、本部が統制する大規模な小売業のシステム		
		□バリュー	価格、値打ち
		□ビジター	訪問者、客
□ディーラー	販売業者、卸（おろし）小売業者	□ビジョン	展望、構想
□ディスカウント	割引	□ファクター	要因、要素

39

重要用語	意味	重要用語	意味
□プライオリティ	優先順位	□メンテナンス	保守、維持
□プリペードカード	料金前払いの磁気カード	□モチベーション	動機づけ
□フレキシブル	柔軟なこと	□モニター	相手の依頼で意見や感想を報告する人のこと
□プロセス	手順、過程	□ユーザー	製品の使用者
□プロモーター	主催者	□ライフサイクル	商品の寿命
□ベンチャービジネス	小規模だが、革新的な新規事業のこと	□リアクション	反応
		□リース	長期の貸付
□ペンディング	保留にすること	□リコール	欠陥商品を生産者が公表し、無償回収、修理すること
□ボーダレス	境界線がないこと		
□ホスピタリティー	親切なもてなし		
□ボトムアップ	下位層から上位層に、情報や意思伝達が吸い上げられること	□リサーチ	調査、研究
		□リザーブ	予約
		□リスクマネジメント	危機管理手法
□ポリシー	方策、政策	□リストラクチャリング	企業での事業の再構築
□マーケットセグメンテーション	市場細分化（消費者の年齢・性別・職業・収入・地域など）		
		□リニューアル	新しくすること、再生
		□リバイバル	復活、再評価
□マテリアル	材料、原料	□リミット	限界、限度、範囲
□マネーゲーム	高利回りを目的とする資金運用のこと	□レクチャー	講演、講義＝レクチュア
□マンネリズム	新鮮味のないこと	□レジュメ	要約、概略、要旨
□メインバンク	主要取引銀行	□レンタル	賃貸
□メソッド	方法、方式	□ロイヤリティー	著作権・特許権の使用料
□メッセ	新商品などを展示する見本市		
		□ローン	貸付
□メリット	長所、利点⇔デメリット	□ワークショップ	職場研究会

● 略　語

団体名の略称	団体名
□日本経団連	日本経済団体連合会
□日商	日本商工会議所
□同友会	経済同友会

試験本番で「テキストで見た覚えがある」と思い出して解答できるように、くり返し学習しましょう。直前の見直しも忘れずに！

2 社会常識　カタカナ用語・略語・時事用語

アルファベット略語	意味、和名
☐ CEO	最高経営責任者（社長、会長など）
☐ COO	最高執行（営業）責任者（CEOに次ぐ責任者）
☐ CI	企業戦略。コーポレイト・アイデンティティー
☐ GATT	関税および貿易に関する一般協定。ガット
☐ GNP	国民総生産
☐ IC	集積回路
☐ ID	身分証明、暗証番号
☐ ILO	国際労働機関
☐ IMF	国際通貨基金
☐ ISO	国際標準化機構

アルファベット略語	意味、和名
☐ JAS	日本農林規格
☐ JETRO	日本貿易振興会
☐ JIS	日本工業規格
☐ LSI	大規模集積回路
☐ M&A	企業の合併・買収
☐ NB	ナショナル・ブランド
☐ NGO	国際協力に携わる非政府組織
☐ NPO	民間非営利組織
☐ ODA	政府の途上国開発支援
☐ PB	プライベート・ブランド
☐ PKO	国連平和維持活動
☐ PL法	製造物責任法
☐ WHO	世界保健機関
☐ WTO	世界貿易機関

● 時事用語

重要用語	意　味
☐経済成長率	国の経済規模が対前年比でどれだけ成長したかを示す比率
☐為替レート	異なる国の通貨の交換比率
☐円高	外国通貨に対して円の価値が上がること（1ドル120円→100円）
☐円安	外国通貨に対して円の価値が下がること（1ドル120円→130円）
☐公的資金	国家の資金、政府による運営資金のこと
☐遺伝子工学	DNAを切りつなぐなどして医療を施す技術を研究する学問
☐規制緩和	許認可制度など各種規制を緩和・撤廃すること
☐行財政改革	規制緩和や従来の行政・財政システムを改革すること

実戦問題

問題1 カタカナ用語

次は、用語とその意味の組み合わせである。中から不適当と思われるものを選びなさい。

1) イレギュラー　＝　秩序
2) ポリシー　　　＝　方針、政策
3) コンタクト　　＝　接触
4) イノベーション＝　革新
5) クレジット　　＝　信用

問題2 カタカナ用語

次は、用語とその意味の組み合わせである。中から不適当と思われるものを選びなさい。

1) イニシアチブ　　　　＝　主導権
2) コマーシャルベース　＝　商業の採算
3) チェーンストア　　　＝　小売業システム
4) メッセ　　　　　　　＝　大規模展示会会場
5) プリペードカード　　＝　料金前払いカード

問題3 カタカナ用語

次は、用語とその意味の組み合わせである。中から不適当と思われるものを選びなさい。

1) ローン　　＝　貸付
2) レンタル　＝　賃貸
3) オピニオン＝　意見
4) マニュアル＝　手引書、入門書
5) トレンド　＝　現実的な考え方

問題4 略語

次は、略語とその正式な名称の組み合わせである。中から不適当と思われるものを選びなさい。

1) CEO　＝　最高営業責任者
2) GPS　＝　全地球測位システム
3) ISO　＝　国際標準化機構
4) NPO　＝　民間非営利組織
5) NGO　＝　国際協力に携わる非政府組織

問題5 時事用語

次は、用語とその意味の組み合わせである。中から不適当と思われるものを選びなさい。

1) 為替レート
　＝異なる国の通貨の交換比率
2) 行財政改革
　＝国と地方が協力して情報システム化を図る改革
3) 経済成長率
　＝国の経済規模が対前年比でどれだけ成長したかを示す比率
4) 規制緩和
　＝許認可制度など各種規制の緩和や撤廃
5) 公定歩合
　＝日銀が市中金融機関に貸出を行う際に適用される基準金利

解答と解説

[問題1] 1）× 「イレギュラー」とは、不規則な様子や変則的なことを意味する。
2）○ 事を行うときの方針や原則のこと。もしくは政治的な戦略、政策のこと。
3）○ 接触という意味。連絡を取り合ったり意見や情報の交換をしたりすること。
4）○ これまでとは異なった新しい発展や開発のこと。革新、改革という意味。

> 4）の意味は要チェック！

5）○ 信用という意味だが、一般的には掛売り、月賦などの信用販売の意味もある。

[問題2] 4）× 「メッセ」とは、新商品などを展示する見本市のことである。大規模な展示会としての意味もあるが、その会場のことではない。
1）○ 一般的には「イニシアチブ（主導権）を取る」といった使い方をする。
2）○ 商売として採算が取れるかどうかという意味である。
3）○ スーパーやドラッグストアなどがチェーンストア小売業のシステムを取り入れている。
5）○ 主に鉄道の運賃支払いに利用されている。

[問題3] 5）× 「トレンド」とは、動向や傾向のこと。最新流行という意味もある。
1）○ 貸付の意味で、金融機関などがある条件のもとにお金を貸すこと。
2）○ 短期間の賃貸のこと。
3）○ 社会的なことに関する意見のこと。もしくは世論のこと。
4）○ 機械類などの使用説明書、もしくは手引書のこと。行動や作業の定型、手順をまとめた入門書や小冊子のこと。

[問題4] 1）× 「CEO」とは企業の「最高経営責任者」のこと。日本では社長や会長を指す。「最高執行（営業）責任者」は「COO」といい、CEOに次ぐ企業の権力者。
2）○ 人工衛星を利用して現在位置を知るシステムのこと。
3）○「品質保証規格」や「環境保全のための規格」など、国際標準規格のこと。

【合否の分かれ目】4）○ 政府や企業などではできない社会的な問題に非営利で取り組む民間組織のこと。

> 4）と5）の違いをしっかりと覚えよう！

【合否の分かれ目】5）○ 医療、軍縮、人権、環境などさまざまな活動をする国際的民間組織のこと。

[問題5] 2）× 「行財政改革」とは省庁の統廃合や、4）の規制緩和などして従来の行政や財政のシステムを改革していくこと。国力の活性化を目的として行われる。
1）○ 海外と取引をしている企業はこの比率により収益が大きく左右される。
3）○ この説明の通り。GDP（国内総生産）とGNP（国民総生産）も覚えておくとよい。
4）○ 行財政改革の一環として行われる。これにより、自由競争が高まり景気が回復することを目的としている。
5）○ 公定歩合の上げ下げにより市中に出回る通貨量や金利を調整する。

COLUMN

自分管理術 1

まわりと遮断した時間をもっていますか？

　秘書検定に限らず、試験と呼ばれるものに「強い人」とはどのような人のことだと思いますか？　一般的には「自己管理が上手な人ほど合格しやすい」といわれています。では、「自己管理」とはいったい何を管理することなのでしょうか？　それは、

> 「自分の"時間"と"こころ"」この両方を管理すること

ではないでしょうか。コラムでは、色々な角度から、この"時間"と"こころ"の管理について考えてみたいと思います。ひと息つきたいときなどに目を通していただけるとうれしいです。

　まずは「時間の管理」から考えてみましょう。
　皆さんにとってすぐ目の前にあるゴールは「秘書検定に合格すること」ですね。そのゴールを達成するためには"まわりと遮断する勉強時間を確保する努力"が必要です。つまり、たった独りで勉強だけに打ち込む時間を1日1時間でもいいので、必ず確保してほしいのです。その時間をどう作り出すかが「時間管理」そのものなのです。また、遮断された時間をうまく作り出せている人こそが、合格へ近づいている人ともいえるのです。

　まわりの人と楽しく過ごす時間も大切な時間です。しかし、どんな資格試験でも「次があるからいいや」では、いつまでたっても合格を手にすることは難しいでしょう。この1か月ほんの少しだけ、まわりから遮断された勉強時間をもってみてください。必ずや合格へ近づくことでしょう。そして無事合格できたときには、どうぞ思い切りまわりの人と楽しむ時間を過ごしてください。

PART 2
技　能

暗記学習中心

[実技] 実試験で **10問** 出題（35問中）
　　　　　　→マークシート8問、記述式2問

秘書だけに限らず、社会人として身につけておきたい実務の基礎知識です。書き慣れないビジネス文書の形式をしっかり頭に入れましょう。

合否の分かれ目　「解答と解説」にあるこのマークは、間違えやすい選択肢。注意しましょう。

1 会議

会議と秘書の業務

POINT!
会議の「形式」と「会議用語」は暗記すること。会議における秘書の仕事は流れに沿って覚えるのがコツ。

会議の種類

☐ **主要会議**（法律で任意に開催が義務づけられている）	■**株主総会**…① 経営の最高意思決定機関 　　　　　② 「取締役」「監査役」の選任 ■**取締役会**…① 業務執行上の意思決定機関 　　　　　② 取締役全員がメンバー 　　　　　③ 「代表取締役」の選任	一般知識「株式会社の特徴」(p.18)の復習！
☐ **付属会議**（各企業が独自に行う会議）	■**常務会**…① 別名「役員会」「重役会」 　　　　② 社長、副社長、専務、常務などがメンバー 　　　　③ 実質的な会社運営の意思決定機関	

会議の形式

☐ **パネル・ディスカッション**	意見が異なるパネリストが相互に討論。その後、聴衆から質問や意見を受ける。
☐ **シンポジウム**	そのテーマの専門家が講演形式で発表。学術会議などに用いられることが多い。
☐ **バズ・セッション**	小グループに分かれて話し合ったあと、グループの代表者が意見を発表し合う。
☐ **ブレーン・ストーミング**	人の意見を批判しないで、自由にアイデアを出し合う。
☐ **フォーラム**	参加資格を問わない、公開討論会。
☐ **円卓会議**	席次を定めず、20人くらいまでで行う。フリートーキング。　　円卓会議は、円卓を使って設営 (p.48参照)。ただし、円卓がない場合は四角いテーブルで行うこともある！

会議用語

☐ 招集	会議開催のためにメンバーを集めること。国会では「召集」。	
☐ 議案	会議で協議される議題のこと。	
☐ 定足数（ていそくすう）	会議開催のために必要な最少人数のこと。	
☐ 採決	挙手、起立、投票などで、議案の可否を決めること。	
☐ 一事不再議（いちじふさいぎ）の原則	一度会議で決定したことは、その会期中は二度と提出できないこと。	
☐ 諮問（しもん）	上位機関（者）が下位機関（者）に意見を求めること。	
☐ 答申（とうしん）	諮問（上位機関からの尋ね）に対する答え。	
☐ 分科会	全体会議の下に設けられた専門分野ごとの小会議。	
☐ キャスティングボード	採決のとき、同数の場合に議長が投ずる票のこと。	
☐ コンベンション	多くの議題があり、2日以上になる大規模会議。	

会議における秘書の仕事〈案内・準備・会場設営〉

☐ 開催の案内（社内の場合）	文書で案内するのが正式だが、電話、Eメール、簡単な文書での連絡が一般的。	
☐ 開催の案内（社外の場合）	開催1か月くらい前に案内状を送付する。	

☐ 案内状の項目 （社外の場合）	● 会議の名称 ● 開催日時（終了時刻を忘れずに記載する） ● 開催場所（地図、問い合わせ先、部屋の名称、駐車場の有無を別紙で添える） ● 議題 ● 出欠の連絡方法と締切日 ● 主催者（事務局）の連絡先（担当者名） ● 食事の有無 ● 添付書類	
☐ オブザーバー	オブザーバー（p.38「カタカナ用語」参照）は後方の席。	
☐ 記録係	記録係は前のほうの席。	
☐ 名札	社外の出席者には名札（席次）を準備（通常社内会議には不要）。	
☐ 設営	〈コの字型〉　〈V字型〉スクリーン　〈教室型〉ホワイトボード 〈円卓型〉　〈口の字型〉	

● 会議における秘書の仕事の流れ

☐ 受付・案内	● 当日配付資料を手渡す。 ● 事前配付資料も準備する（当日忘れてくる人のために）。 ● 手荷物を預かる。 ● 出欠一覧表をチェック、開始直前に上司へ報告する。 ● 定刻になっても来ない出席予定者に電話連絡する。

1 会議　会議と秘書の業務

☐ **会議開始**
- 開始時刻を遅らせるときは、上司の指示を仰ぐ。
  ➡ 出席者全員に「あと〇分ほどお待ち願います」と告げる。

> あと〇分ほどお待ち願います。

- 携帯電話の取り扱いの説明をする。
  ➡「電源を切る」「マナーモードにする」など。

☐ **会議中**
- 会議中、電話を取り次ぐ場合はメモで伝える。口頭では小声でもNG。
- 電話の取り次ぎについては、あらかじめ上司とどのようにするか決めておく。

- お茶、食事の用意。
- 冷暖房、換気の調整。
- 秘書が記録係の場合、発言者と発言内容を簡単にメモする。

☐ **会議終了後**
- 車で帰る人の配車を手配する。
- 伝言を忘れずに伝える。
- 預かり物を返却する。
- 室内のあと片付け（冷暖房や照明等確認）、忘れ物のチェック。
- 管理者に終了を報告する。手伝ってくれた人、お世話になった人にお礼をする。
- 会場費などの精算をする。

実戦問題

問題1　会議の種類と形式

次は、会議とその説明の組み合わせである。中から不適当と思われるものを選びなさい。

1) フォーラム＝非公開を原則とする、少人数で行う討論会。
2) シンポジウム＝そのテーマの専門家が講演形式で発表。
3) 常務会＝別名「役員会」などと呼ばれ、実質的会社運営を決定する会。
4) 取締役会＝法律で任意開催が義務づけられていて「代表取締役」を選任する会。
5) バズ・セッション＝グループに分かれ話し合い、グループごとに代表者が意見発表し合う会議。

問題2　会議用語

次は、用語とその意味の組み合わせである。中から不適当と思われるものを選びなさい。

1) 採決＝メンバーに挙手、起立、投票などで問題の可否を決めること。
2) 定足数＝会議開催のために必要な最低限の出席人数のこと。
3) 諮問＝上位の機関が、付設の委員会などに意見を求めること。
4) 一事不再議の原則＝一度議決したことをその会期中は二度と提出できないこと。
5) 動議＝提出されたが、意見が分かれ結論が得られなかった議案のこと。

問題3　会議における秘書の仕事

次は秘書A子が、上司主催の会議のときに行っていることである。中から不適当と思われるものを選びなさい。

1) 前もって資料を配付してある場合も、忘れてくる人を考慮して、準備しておく。
2) 出席予定の一覧表で出欠をとったら、会議開始直前に上司に報告する。
3) 飲み物は午前1回、午後2回、昼食の前後などに出すことを上司に確認している。
4) 開会時刻になっても来ていない人がいる場合は、それを上司に伝え、その人の出欠を確認するので、先に始めてほしいと言う。
5) 会議中に電話を取り次ぐ場合はメモで伝える。

問題4　会議における秘書の仕事

次は秘書A子が、社外から出席者のある上司主催の会議のときに行っていることである。中から不適当と思われるものを選びなさい。

1) 飲み物はいつ頃、何回出すか、前もって確認している。
2) 会議の終了予定時刻になったら、そのことを上司にメモで知らせている。
3) 会議の設営についてや、会議に必要な用具の確認を前もって行っている。
4) 開始時刻になっても来ない人には、電話で確認するようにしている。
5) 席順をどのようにするか、上司に確認をしている。

問題5　会議における秘書の仕事

次は、会議について述べたものである。中から適当と思われるものを選びなさい。

1) 社外の人が出席する会議では、案内状を3週間前をめどに出している。
2) ホテルなどの施設で会議会場を手配するときは上司の名前で予約をしておく。
3) 上司が初めて出席する会議の場合は、その会議の性格やメンバーなどの情報を調べ、上司に報告している。
4) 秘書が記録係の場合は、録音記録が正確になされているかだけに気を配る。
5) 会場を借りた場合の会場費などは、上司に精算をお願いする。

1 会議　会議と秘書の業務

解答と解説

[問題1] **1）×**　フォーラムは公開が原則なので非公開は不適当である。人数も少数ということはない。

2）○「そのテーマの専門家」がキーワード。

（合否の分かれ目）3）○　説明はこの通りである。また、常務会は法律での開催は義務づけられてはいない。

（合否の分かれ目）4）○　法律で任意開催が義務づけられているのは「取締役会」と「株主総会」である。

5）○「グループに分かれ、代表者が発表」と覚えること。

[問題2] **5）×**　「動議」とは①会議中に予定された議題以外のものを口頭で提案すること、②口頭で会議の議決を求める意見を出すことである。

1）○　主に挙手、起立、投票という3つの方法で可否を決める。
2）○「開催必要最低限の人数」と覚えておくこと。
3）○「答申（諮問に対する答え）」とセットで覚えること。
4）○「会期中、二度と持ち出せない」と覚えておくこと。

[問題3] **4）×**　定刻になっても来ない人には電話などで連絡を取るのが秘書の仕事であるが、**会議を始めるかどうか決めるのは上司**である。

1）○　この通りであり、数部予備として準備しておく。
2）○　開始直前に報告し、遅刻などのメモを記入して一覧表を上司に見せる。
3）○　一般的にはこの通りであるが、出席者の好みもあるので、上司に確認する。
5）○　小声であっても口頭では行ってはいけない。

[問題4] **2）×**　会議は一般的には時間内に終了するようになっているが、予定通りにいかない場合もある。会議の進行は全体の状況から**主催者が判断すること**なので、秘書が知らせる必要はない。

1）○　事前に確認しておくとタイミングよく出せる。
3）○　会場のレイアウトやホワイトボード、スクリーンなどの事前準備は秘書の仕事である。
4）○　来ない人には秘書が電話連絡をする。
5）○　社外の出席者には名札（席次）を準備し、どの席に座るか、どのように座るか、上司に確認する必要がある。

[問題5] **3）○**　必ずその会議について情報収集するのが秘書の仕事である。

1）×　社外の人が出席する会議の案内状は1か月前（約4週間前）に出すのが適切。
2）×　施設を予約するときは、会議会場の案内板の表記などは「会社名もしくは上司名」になるが、予約の際は「事務局もしくは予約窓口」として秘書の名前で予約する。
4）×　記録係の場合は、発言者と発言内容を簡単にメモする必要もある。
5）×　会場費の精算は秘書の仕事である。

2 文書の作成

社内文書

POINT!

社内文書レイアウトを頭に入れること。「社員各位」「記」「以上」は必ず覚える！

● 社内文書の基本

形式・内容	1 企業により形式の違いはあるが、必要とされる内容はほぼ同じ。 2 A4、横書きが一般的。 3 宛名は「社員各位」が基本。 4 丁寧さよりも簡潔さが優先される。「です・ます」調。

＊社員全員に向けて、発信されるので「社員各位」となる。特別な場合を除き、ビジネス文書（社内・社外文書）はＡ４サイズの横書きが一般的

● 社内文書の種類

稟議書（りんぎしょ）	上司の決裁や承諾を受けるための文書。
通達文	社員に必要な命令や指示を伝えるための文書。
議事録	会議の経過や決定事項を記録した文書。
通知文	仕事に関する通知、連絡、案内をする文書。
報告書	事実や経過を報告する書類（出張報告書、調査報告書、研修報告書、営業日報・月報など）。

● 社内文書の書き方

基本事項	1 文体は「です」「ます」が基本。 2 １文書１用件が原則。 3 用件だけを簡潔に書く。 4 アラビア（算用）数字と漢数字を使い分ける。 　アラビア数字…番号、金額、数量 ＜例＞ 212号室、3万円、7月7日 　漢数字………固有名詞、概数、成語 ＜例＞八戸市、数十万人、一昨日

社内文書のスタイル

①**文書番号**：正式文書にはつけ、重要でない文書にはつけない。
②**発信年月日**：元（年）号が一般的だが西暦も使う。年月日は省略しない（H19・7・7はNG）。**曜日は必要ない。**
③**受信者名**：「**社員各位**」は必ず覚える。
④**発信者名**：**役職名だけ記入**する。「鈴木太郎」など名前は記入しない。
⑤**件名（標題）**：一見してわかるように書く（1文書1用件が原則）。「〜のご案内」「〜のご依頼」はOK。「〜の指示」「〜の命令」「〜の通達」はNG。
⑥**本文**：「頭語」や「時候の挨拶」（p.56参照）は除き、結論を先に書く。
⑦**記（記書き）**：**必ず中央に「記」と書く。**各項目には必ず番号をふり、**箇条書きにする。**日時は曜日まで書く。時間は終了時間を必ず書く。
⑧**追記**：「なお、時間帯により定員があります」などの補足事項を書く。
⑨**添付書類**：あればこの位置に書く。
⑩**以上**：右寄せで「**以上**」**と必ず書く。**
⑪**担当者名**：必ず書く。内線番号やEメールアドレスも忘れないように。

---

①→ 総発602号
②→ ○年○月○日

社員各位 ←③

④→ 総務部長

⑤→ **健康診断のお知らせ**

⑥↓

下記の通り健康診断を行います。各自調整の上、ご参加ください。

⑦
記

1. 日　　時　　○月○日（木）14:00〜16:00
2. 場　　所　　本社5階　健康相談室
3. 申込締切　　○月○日（金）　17:00
4. 申込方法　　別紙申込用紙に都合のよい時間を記入の上、担当者までご持参ください。

⑧ なお、時間帯により定員があります。

⑨ 添付書類：受診手順のご案内1枚
　　　　　　　申込用紙1枚

⑩→ 以上
⑪→ 担当　総務部　○○
　　　　　　　　内線（1003）
　　　Eメール　abc@xx.xx.xx

実戦問題

問題1 社内文書の基本

次は、社内文書の書き方について述べたものである。中から<u>不適当</u>と思われるものを選びなさい。

1) 一般的にはA4の横書きの文書である。
2) 宛名は社員各位が一般的である。
3) 発信日には、年月日のほかに曜日も記入する。
4) 数字は必要に応じて、算用数字と漢数字に書き分けている。
5) 担当者を書くときは、内線番号やEメールアドレスも一緒に書いている。

問題2 社内文書の種類

次は、社内文書の名称とその説明の組み合わせである。中から<u>不適当</u>と思われるものを選びなさい。

1) 念書＝約束事などをしたとき、後日の証拠のためにお互いに持っている文書。
2) 始末書＝過失や事故に対して、わびるため、いきさつを説明した文書。
3) 上申書＝上司が部下に業務上の命令や指示をする文書。
4) 趣意書＝そのことの目的や考えを述べた文書。
5) 進退伺＝管理職が自分や部下の重大な過失や事故について、引責辞職すべきかを伺う文書。

問題3 社内文書の書き方【記述】

秘書A子は、上司（人事部長）から今週中に社内文書を作成してほしいと、簡単なメモを渡された。このような場合、社内文書を作成するにあたり、A子が確認することを箇条書きで三つ答えなさい。

（　　　　　　　　　　　　　）
（　　　　　　　　　　　　　）
（　　　　　　　　　　　　　）

問題4 社内文書のスタイル【記述】

次は社内文書のフォームである。①～⑨までは何が入るか名称を記入しなさい。

```
                          文書番号
                          ①_____
②_____
                          ③_____
            ④_____
⑤_____
            ⑥_____
   1.
   2.
   3.
⑦_____
⑧_____
                   ⑨_____
            担当　山本
            内線番号
            Eメールアドレス
```

54

2 文書の作成　社内文書

解答と解説

[問題1]　**3）×**　発信日に曜日は入れない。年月日だけでよい。
　　　　1）○　文書の場合はA4横書きが一般的であり、今はEメールやイントラネットなども利用されている。
　　　　2）○　「社員各位」は必ず覚えること。
　　　　4）○　算用数字（アラビア数字）と漢数字は使い分ける必要がある。
　　　　5）○　相手が連絡できるよう連絡先を一緒に書いておくようにする。

[問題2]　**3）×**　上申書とは、部下（下位層）が上司（上位層）に意見などを述べた文書のことである。
　　　　1）○　「後日の証拠のため」がキーワード。
　　　　2）○　「わびる」「いきさつ」がキーワード。
　　　　4）○　その趣旨や目的をまとめた文書である。
　　　　5）○　「引責辞職すべきかどうか伺う」がキーワード。

> 5）の「進退伺」はワンランクUPの用語！

[問題3]　1．発信日をいつにするか。2．発信者は上司の役職名（人事部長）でよいか。3．件名、標題、タイトルの確認。4．担当はだれにするのか（自分でよいかどうか）。以上のいずれか3つを書く。

[問題4]　解答は下の通り。④は「標題」「タイトル」「件名」のいずれでもよい。

```
                                    文書番号
                                    ①発信年月日
②受信者名
                                    ③発信者名

              ④件名、標題、タイトル

⑤本文
              ⑥記書き、記
    1.
    2.
    3.
⑦追記
⑧添付書類
                                    ⑨以上
                          担当　山本
                          内線番号
                          Eメールアドレス
```

55

2 文書の作成

社外文書

POINT!

「社外文書」か「社内文書」の記述問題が出やすい。時間をかけてじっくり覚えるのがコツ！

社外文書の基本

☐ **形式・内容**
1. 形式はある程度決まったスタイルがある（p.57参照）。
2. 文体は「ございます」という敬体を使う。
3. 社内文書同様「1文書1用件」が原則。

社外文書の慣用句

☐ **「頭語」と「結語」**

組み合わせをしっかり覚える！

用途	頭語	結語
一般の往信	拝啓	敬具
一般の返信	拝復	敬具
特に丁寧な場合	謹啓	敬白
略式	前略	草々
	冠省（かんしょう）	不一（ふいつ）

☐ **時候の挨拶**

8月は立秋（8日頃）、2月は立春（4日頃）を境に、時候の挨拶を区別することもある！

春	3月	早春（そうしゅん）・春寒（しゅんかん）
	4月	春暖（しゅんだん）・陽春（ようしゅん）
	5月	新緑（しんりょく）・薫風（くんぷう）

夏	6月	初夏（しょか）・梅雨（つゆ）
	7月	盛夏（せいか）・猛暑（もうしょ）
	8月	残暑（ざんしょ）・晩夏（ばんか）

秋	9月	新秋（しんしゅう）・初秋（しょしゅう）
	10月	秋冷（しゅうれい）・紅葉（こうよう）
	11月	霜降（そうこう）・晩秋（ばんしゅう）・向寒（こうかん）

冬	12月	歳晩（さいばん）・初冬（しょとう）
	1月	厳寒（げんかん）・厳冬（げんとう）
	2月	向春（こうしゅん）・余寒（よかん）

☐ **繁栄を祝う言葉**

【企業宛て】貴社ますます → ご隆盛（りゅうせい）　ご発展（はってん）／ご隆昌（りゅうしょう）　ご繁栄（はんえい） → のこととお喜び申し上げます。

【個人宛て】時下ますます → ご健勝（けんしょう）　ご清祥（せいしょう）

☐ **末文**

内容によって組み合わせて！

まずは → とりあえず、／取り急ぎ、／略儀（りゃくぎ）ながら、 → ご報告申し上げます。／御礼申し上げます。／書中をもって御礼申し上げます。

社外文書のスタイル

①**文書番号**：社交文書や私信にはつけない。
②**発信年月日**：省略しない（p.53参照）。元（年）号が一般的だが西暦も使う。
③**受信者名**：「株式会社」「社名」「所属名」「発信者」**すべて正式に書く**。「（株）○○電器 営業 佐藤様」などのように略してはいけない。複数宛て⇒**各位**、官公庁・企業・団体宛て⇒「**御中**」。個人名⇒「**様**」が一般的、役職名⇒「**殿**」が一般的。
④**発信者名**：受信者同様、すべて正式に書く。（受信者と同格の役職名にする。受信者「部長」→発信者「課長」はNG。受信者「部長」→発信者「部長」はOK。社印と職印を押す）。
⑤**件名（標題）**：1文書1用件が原則。　⑥**頭語**：左寄せで1字下げずに書く。
⑦**時候の挨拶**：1字空ける。事務的文書では省略されることもある。
⑧**前文**　　　　　　　　　　　　　　　⑨**主文**：「さて」で1字下げる。
⑩**末文**：「つきましては」で1字下げる。⑪**結語**：必ず「右寄せ」で書く。
⑫**記（記書き）**：中央に書く（箇条書きについてはp.53参照）。
⑬**追伸**：ある場合はこの位置に書く。「なお」で書き始めるのが一般的。
⑭**同封物**　　　　　　　　　　　　　　⑮**以上**：必ず「右寄せ」で書く。

---

　　　　　　　　　　　　　　　　　　　　　　　　　　①→ ○○○号
　　　　　　　　　　　　　　　　　　　　　　　　　　②→ 平成○年○月○日

株式会社　石川商事
部長　小林　浩　様 ←③

　　　　　　　　　　　　　　　　　　　④→ 株式会社　ABC電機
　　　　　　　　　　　　　　　　　　　　　　営業部長　森田　正一

　　　　　　　　　　⑤→ **新商品発表会のご案内**

⑥拝啓　⑦○○の候、貴社におかれましてはますますご隆盛のこととお喜び申し上げます。⑧
平素は格別のご厚情を賜り、厚く御礼申し上げます。
　⑨さて、このたび弊社では、来期に向けました新商品4タイプを発売することとなりました。
　発売日に先立ち、日頃よりご愛顧いただいているお客様に、そのラインアップをご覧いただきたく、下記の通り発表会を開催いたします。
　⑩つきましては、ご多忙中とは存じますが、万障お繰り合わせの上、ぜひともご来場賜りますようお願い申し上げます。取り急ぎ書中をもってご案内申し上げます。
　　　　　　　　　　　　　　　　　　　　　　　　　　　　　⑪→ 敬具
　　　　　　　　　　　⑫→ 記
　1. 期　日　　：　平成○年○月○日（金）
　2. 時　間　　：　11時〜12時
　3. 場　所　　：　弊社○○ビル1階「ショールーム」
　4. 住　所　　：　○○市○○1丁目2番3号
　5. 連絡先　　：　03-000-0000（営業部直通）

⑬→ なお、駐車場に限りがあるため、できるだけ公共の交通機関をご利用ください。

⑭同封物：会場案内図　　　　　　　　　　　　　　　　　　⑮→ 以上

実戦問題

問題1　社外文書の慣用句

次は、頭語と結語の組み合わせである。中から適当なものを選びなさい。

1) 拝啓　－　不一
2) 冠省　－　敬白
3) 謹啓　－　不尽
4) 謹啓　－　草々
5) 前略　－　草々

問題2　社外文書の慣用句

次は、文書に使う時候の挨拶である。中から不適当と思われるものを選びなさい。

1) 1月－初春の候
2) 3月－早春の候
3) 5月－新緑の候
4) 8月－盛夏の候
5) 11月－晩秋の候

問題3　社外文書の慣用句

次は、手紙の前文で用いる挨拶の言葉である。中から下線部分が不適当と思われるものを選びなさい。

1) 貴店ますますご繁栄のこととお喜び申し上げます。
2) 貴校ますますご盛栄のこととお喜び申し上げます。
3) 貴殿ますますご健勝のこととお喜び申し上げます。
4) 貴会ますますご発展のこととお喜び申し上げます。
5) 貴社ますますご清祥のこととお喜び申し上げます。

問題4　社外文書のスタイル【記述】

次の下線部の言葉を、その意味に対応した社外文書の用語にして、（　）内に答えなさい。

1) 拝啓　　6月　の候、あなたの会社が
　　　　a（　　　）　　b（　　　）
ますますご隆盛のことと喜んでいます。
　　　　　　　　　　　　c（　　　）

2) 忙しいと思うが、取り急ぎ
　a（　　　）
この文書で　　お礼を言う。
b（　　　）c（　　　）

問題5　社外文書のスタイル【記述】

次の社外文書で（a）～（g）に適切な言葉を入れて完成させなさい。

　　　　　　　　　　　　　　　○○○号
　　　　　　　　　　　　平成○○年4月8日
株式会社M通信
営業部長　田中太郎　　（a）

　　　　　　　　　株式会社　Y工業
　　　　　　　　　総務部長　鈴木広二

　　営業部電話番号・ファクシミリ番号の
　　　　　　変更のお知らせ

　拝啓　（b）の候、貴社ますますご隆昌のこととお喜び申し上げます。平素は格別のお引き立てにあずかり、心より感謝申し上げます。
　（c）、来る5月1日より（d）の電話番号とファックシミリ番号が（e）の通り変更になりますので、お知らせ申し上げます。
　住所録、電話録などのお書き換えにお手数をおかけいたしますが、よろしくお願い申し上げます。
　（f）、住所の変更はございません。
　今後とも変わらぬご用命を賜りますよう、謹んでお願い申し上げます。
　　　　　　　　　　　　　　　（g）
　　　　　　　　記
1、変　更　日　平成○○年5月1日（月）
2、新電話番号　○○（○○○○）○○○○
　＊営業部直通
3、新ファクシミリ番号○○（○○○○）○○○○
　　　　　　　　　　　　　　　以上

58

解答と解説

[問題1] **5) ○** この組み合わせのみが正しい。
1) × 「拝啓」－「敬具」が正しい。「不一」の頭語は「冠省」。
2) × 「冠省」はめったに出題されないが、結語は「不一」となる。
3) × 「謹啓」－「敬白」が正しい。
「不尽」は、「前略」「冠省」の結語である。
4) × 「草々」は「前略」の結語。

> 3)の「不尽」という結語はワンランクUPの用語！

[問題2] **4) ×** 8月の挨拶は「残暑の候」「晩夏の候」が適当である。「盛夏の候」は7月が適切である。
1) ○ このほか「厳寒の候」「新春の候」などがある。
2) ○ このほか「春寒の候」「浅春の候」などがある。
3) ○ このほか「薫風の候」などがある。
5) ○ このほか「霜降の候」「向寒の候」などがある。

[問題3] **5) ×** 「ご清祥」とは、相手が健康で幸福に暮らしていることを喜ぶ意味で、個人宛ての手紙に使う言葉。
1) ○ 団体宛てなので「ご繁栄」は適切。
2) ○ 団体宛てなので「ご盛栄」は適切。
3) ○ 個人宛ては「ご健勝」と「ご清祥」の2つと覚えておけばよい。意味は5)の解説の通りである。 **[合否の分かれ目]**
4) ○ 団体宛てなので「ご発展」は適切。

[問題4] 1) a：初夏、梅雨のいずれか
　　　　b：貴社
　　　　c：お喜び申し上げます
　　　2) a：ご多忙中とは存じますが ［ご多忙中のところ］
　　　　b：書中をもって ［書中にて］
　　　　c：御礼申し上げます

> 記述問題は漢字のミスをしないように注意すること！

[問題5] a：様　　b：春暖、陽春のいずれか　　c：さて　　d：弊社、当社のいずれか
　　　　e：下記　f：なお　g：敬具
a：個人名には「様」、役職名には「殿」。
b：作成日の日付を確認して、その月に合う時候の挨拶を入れる。
c：「ところで」では不正解。
d：自分の会社のことを言う謙譲語。
f：「また」では不正解。
g：「敬具」は漢字で正しく書く。

2 文書の作成

社交文書

POINT!

「社交文書」か「社外文書」の記述問題が出やすい。慣用句をしっかり暗記するのがコツ！

● 社交文書の形式と種類

□形式	社交文書は縦書きが一般的。文書番号はつけない。格式を重んじる場合は句読点をつけない。「礼状」「見舞状」「お悔やみ状」は手書きにする。
□慶弔状（けいちょうじょう）	祝い事やお悔やみの書状（一般的には電報が利用されている）。祝い状などは、発信日を「吉日」にすることもある。
□見舞状	病気や災害を見舞うときに出す書状。主文から入る（p.61文例④参照）。「暑中見舞」「寒中見舞」は、拝啓〜と普通の形式で書く。
□招待状	会合やパーティーなどに招待するための書状。費用は主催者がもつ。
□案内状	会合、パーティー、行事、式典などの案内のための書状。
□挨拶状	転勤、異動、開店などを知らせる書状。
□礼状	相手への感謝を表す書状（p.61文例②、③参照）。

> 挨拶状と礼状の記述出題が多い！

● 社交文書にふさわしい敬語

	尊敬（相手に対して）	謙譲（自分に対して）
手紙	ご書面・ご芳書	愚書・愚状
意見	ご高見・ご高説	所見・私見
配慮	ご高配・ご高慮	配慮・留意
授受	お納め・ご査収	拝受・頂戴
夫	ご主人・ご主人様	夫・主人
妻	奥様・奥方様・ご令室様	妻・家内
父	お父さま・お父上・ご尊父様	父

	尊敬（相手に対して）	謙譲（自分に対して）
母	お母さま・お母上・ご母堂様	母
息子	ご令息様・ご子息様	息子・長男
娘	ご令嬢様・お嬢さま・ご息女様	娘・長女
家族	ご一同様・皆々様・ご家族様	一同・家族一同

社交文書の慣用句

□	ご査収(さしゅう)	「調べて受け取ってください」という意味。
□	ご笑納(しょうのう)	「つまらないものですが、笑って納めてください」という意味。
□	時下(じか)	「この頃」という意味。季節に関係なくいつでも使える。
□	ご引見(いんけん)	「会って(面会して)ください」(下記文例 1 参照)という意味。
□	ご恵贈(けいぞう)	相手が品物を送ってくれたことに言う尊敬語(下記文例 3 参照)。

社交文書の文例

□ 紹介状(個人宛て) 文例 1

拝啓　○○の候　ますますご健勝のこととお喜び申し上げます。
さて、突然ではございますが、中村裕一氏をご紹介申し上げます。同氏は小生が古くから知り合っております人物で、現在○○株式会社に勤務しております。
かねてより、貴社の通信に関する研究に興味をもっており、くわしくお話をお聞かせいただきたいとのことですので、ここにご紹介申し上げます。
何とぞよろしくご引見くださいますようお願い申し上げます。
敬具

□ 礼状(会社宛て・出張の際のお礼) 文例 2

拝啓　○○の候　ますますご隆盛のこととお喜び申し上げます。
さて、先日貴地出張に際しましては、ご多忙中にもかかわりませず、いろいろとご配慮を賜り厚く御礼申し上げます。
おかげ様で、所期の目的を達することができましたばかりではなく、思いもかけぬおもてなしにあずかり誠にありがとうございました。
貴社の一層のご発展をお祈りいたすとともに、今後とも変わらぬご支援を賜りますようお願い申し上げます。
まずは取り急ぎ御礼申し上げます。
敬具

□ 礼状(個人宛て・贈答のお礼) 文例 3

拝啓　○○の候　ますますご健勝のこととお喜び申し上げます。
さて、このたびは結構なお品をご恵贈くださいまして誠にありがとうございます。
おかげ様で無事古希を迎えることができました。これもひとえに皆様のご厚情によるものと感謝いたしております。
今後ともよろしくご指導のほど、お願い申し上げます。
まずは取り急ぎ、書中をもって御礼申し上げます。
敬具

□ 見舞状(災害見舞) 文例 4

前略　昨日の夕刊で、貴地を襲った台風による被害の模様を知り、大変驚いています。

*「前略」「急啓」などで書き始める。時候の挨拶や日頃のお礼は不自然なので前文は除き、本文から入る。
*人→商品→社屋→業務の順に心配する文面がこのあとに続く。

草々

実戦問題

問題1 社交文書の種類

次は、社交文書について述べたものである。中から不適当と思われるものを選びなさい。

1) 社交文書はどのような種類であっても縦書きが一般的である。
2) 招待状とは会合やパーティーなどに招待するもので、主催者が費用をもつ書状のことである。
3) 案内状とは会費を取って会合やパーティーの参加を促す書状のことである。
4) 社交文書でも、格式を重んじるものには句読点をつけない。
5) 挨拶状とは季節の挨拶がわりに出す書状のことである。

問題2 社交文書の敬称

次は、文書の受信者につける敬称とその組み合わせである。中から適当と思われるものを選びなさい。

1) 株主総会へ参加する株主のとき
　　―「各位」
2) 多数の社員に配付するとき
　　―「御中」
3) 営業部長という職名だけのとき
　　―「行」
4) 名字をつけ広報部長大野としたとき
　　―「宛」
5) 株式会社ABCという会社名にしたとき
　　―「殿」

問題3 社交文書にふさわしい敬語【記述】

次は、社交文書などを書くときの自分側と相手側の言い方である。それぞれの別の言い方を（　）内に一つ答えなさい。

	自分側の言い方	相手側の言い方
1) 授受	頂戴	お納め
	a（　　）	b（　　）
2) 会社	弊社	御社
	c（　　）	d（　　）

問題4 社交文書にふさわしい敬語【記述】

社交文書などで相手側のことを書くとき、次の言葉はどのように書けばよいか。（　）内に一つ答えなさい。

1) 父　（　　　　）
2) 母　（　　　　）
3) 娘　（　　　　）
4) 息子（　　　　）
5) 家族（　　　　）

問題5 社交文書の慣用句【記述】

社交文書において、次の内容はどのような慣用句になるか。（　）内に一つ答えなさい。

1) 調べて受け取ってください＝（　　　）願います。
2) つまらないものですが、笑って納めてください＝（　　　）願います。
3) 面会してください＝（　　　）願います。
4) 物品を送ってくれて＝結構なお品を（　　　）くださいまして

問題6 社交文書の文例【記述】

次の下線部分を手紙用語に直して、（　）内に答えなさい。

1) 最後になりますが、貴社のますますのご発展をお祈り申し上げます。
　　　　　　　（　　　　　　　）
2) おかげ様で、期待している事柄を達することができました。
　　　　　　　（　　　　　　　）
3) 略式ですが、書中をもってご挨拶申し上げます。
　　　　　　　（　　　　　　　）

解答と解説

[問題1] **5)** ×　挨拶状とは「転勤、異動、開店などを知らせる」書状のことである。
1) ○　社交文書は縦書きが一般的で、文書番号はつけない。
2) ○　「主催者が費用をもつ」がキーワード。
3) ○　「会費を負担して参加」がキーワード。
4) ○　「代表取締役社長就任のご挨拶」などの書状は格式が高いので、句読点をつけない形になっている。

[問題2] **1)** ○　敬称は「宛名」により、変えなくてはならない。同文を多数の株主へ宛てる場合は「各位」が正しい。
2) ×　多数の社員に同文を配付するのだから「社員各位」が正しい。
3) ×　職名だけの場合は「殿」をつけ、「営業部長殿」とするのが一般的である。
4) ×　名字をつけた場合は「広報部長大野様」が一般的である。
5) ×　官公庁や会社や団体宛ての場合は「御中」が正しい。

[問題3] 1)　a：拝受　　　b：ご査収
2)　c：当社　　　d：貴社
筆記問題としてよく出題されるので、覚えるだけでなく、漢字で書けるようにしておくこと。社交文書での敬語や慣用句の設問では「一つ答えなさい」という問題が多いので、一種類は必ず覚えておくこと。

[問題4] 1) ご尊父様、お父さま、お父上のいずれか
2) ご母堂様、お母さま、お母上のいずれか
3) ご令嬢様、ご息女様、お嬢さまのいずれか
4) ご令息様、ご子息様のいずれか
5) ご一同様、皆々様、ご家族様のいずれか

> 問題3〜6の答えはすべて漢字を使って書けるようにしておくこと！

自分側についてと、相手側についての言い方を間違えないようにしっかり覚える。

[問題5] 1) ご査収　　2) ご笑納　　3) ご引見　　4) ご恵贈
すべてビジネス文書独特の慣用的な言い回し。決まり文句として覚え、使いこなせるようにしておく。

[問題6] 1) 末筆ながら　　2) 所期の目的　　3) 略儀ながら
1) 「末筆」は手紙の末尾にしるす文句のこと。
2) 「所期」は期待すること。読み方は「しょき」。「所期の目的を達することができ……」という使い方をすることが多い。
3) 「略儀」は「略式」と同じ意味の丁寧な手紙用語。

> 「末筆」「所期」「略儀」はワンランクUPの用語！

2 文書の作成
グラフの作成

POINT!
記述問題は隔回出題の傾向（6月、2月→グラフ、11月→文書）。4種類のグラフの特徴を確実につかんで書けるようにすること！

グラフの種類と選択

↓グラフにしたい内容	線グラフ	棒グラフ	円グラフ	帯グラフ
推移、連動したとき	向　く	向かない	向かない	向かない
数量の多少	向かない	向　く	向かない	向かない
内訳構成比率	向かない	向かない	向　く	向　く
内訳構成比率の比較、推移	向かない	向かない	向かない	向　く

線グラフ

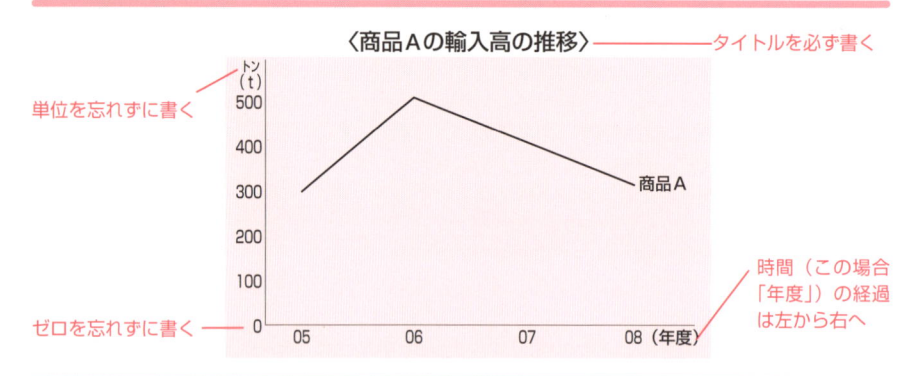

〈商品Ａの輸入高の推移〉————タイトルを必ず書く

単位を忘れずに書く
トン(t)
500
400
300　商品Ａ
200
100
0
05　06　07　08（年度）

ゼロを忘れずに書く

時間（この場合「年度」）の経過は左から右へ

棒グラフ

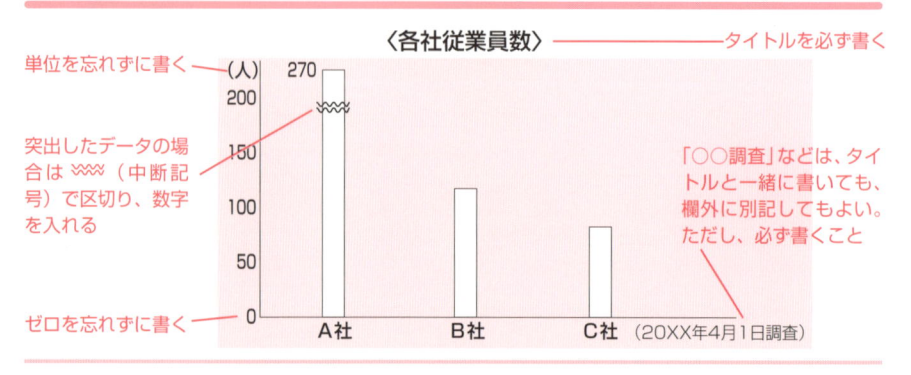

〈各社従業員数〉————タイトルを必ず書く

単位を忘れずに書く
(人)
270
200
150
100
50
0
Ａ社　Ｂ社　Ｃ社　（20ＸＸ年4月1日調査）

突出したデータの場合は〰〰（中断記号）で区切り、数字を入れる

ゼロを忘れずに書く

「〇〇調査」などは、タイトルと一緒に書いても、欄外に別記してもよい。ただし、必ず書くこと

2 文書の作成　グラフの作成

● 円グラフ

〈20XX年度 製品別売上高比率〉

- タイトルを必ず書く
- 名称を書く
- ％を忘れずに
- その他は最後に記入
- グラフ内に記入できないときは、外に出してもよい

A製品 40%
その他 15%
B製品 5%
E製品 9%
C製品 11%
D製品 20%

12時の位置から時計回りに、数字が大きい順に書く。「その他」は最後に記入すること

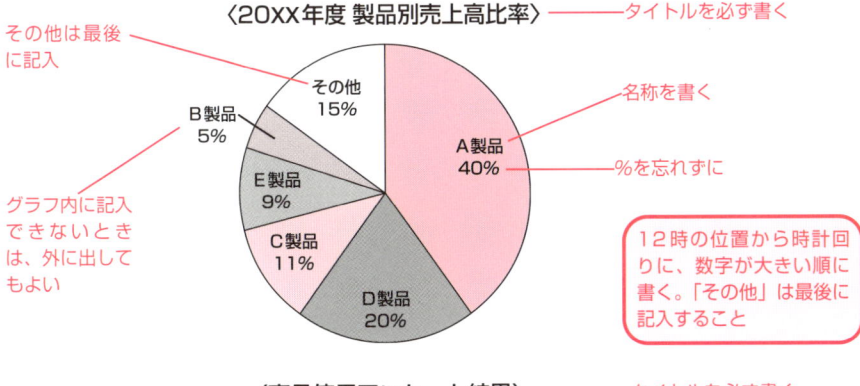

〈商品使用アンケート結果〉 ― タイトルを必ず書く

無回答は最後に記入
無回答 2%
大変よい 11%
ほぼよい 21%
どちらとも言えない 43%
少し悪い 15%
とても悪い 8%

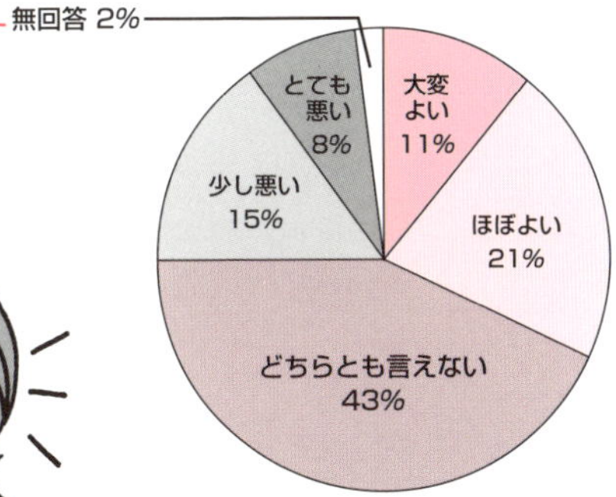

＊大変よい→ほぼよい→どちらとも言えない→少し悪い→とても悪い→無回答の順に書く

＊アンケート結果などは数字の大きい順ではないので注意

合計が100％になるものが1つでもあれば、円グラフ、2つ以上になる場合は、帯グラフにする

● 帯グラフ

〈平成○～○年度 製品別売上高比率〉 ― タイトルを必ず書く

平成○年度	製品A 39%	製品B 27%	製品C 16%	製品D 18%
平成○年度	製品A 30%	製品B 34%	製品C 13%	製品D 23%
平成○年度	製品A 27%	製品B 27%	製品C 16%	製品D 30%

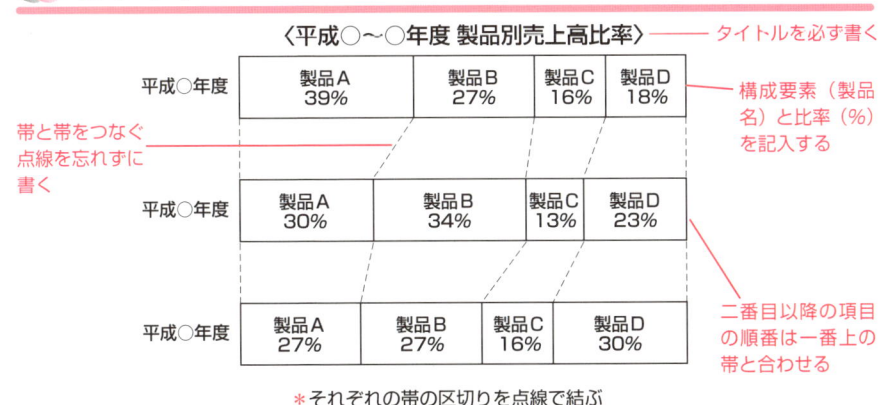

- 構成要素（製品名）と比率（％）を記入する
- 帯と帯をつなぐ点線を忘れずに書く
- 二番目以降の項目の順番は一番上の帯と合わせる

＊それぞれの帯の区切りを点線で結ぶ

65

実戦問題

問題1 グラフの作成【記述】

次の表は、事業部別の男女従業員数を示したものである。この表に基づいて、男女の人数と合計人数を見やすくしたグラフにして、下の枠内に書きなさい。
（定規を使わないで書いてもよい）

事業部別男女従業員数一覧表

事業部名	営業	企画	制作
女性従業員	45	10	20
男性従業員	25	25	30
合計	70	35	50

問題2 グラフの作成【記述】

次は、製品Aと製品Bの工場別生産高構成比である。これを見やすいグラフにして、下の枠内に書きなさい。
（定規を使わないで書いてもよい）

	製品A	製品B
日本工場	55%	30%
タイ工場	5%	10%
米国工場	25%	5%
中国工場	15%	55%

問題3 グラフの作成【記述】

次の記事を読み、「積極的」「消極的」がわかるグラフにして、下の枠内に書きなさい。
（定規を使わないで書いてもよい）

「平成○年度に企業情報センターが1000社に対して行った調査によると、契約社員の採用にかなり積極的な会社は48.2％、やや積極的な会社は20.3％、これに反してかなり消極的な会社は10.2％、やや消極的な会社は18.3％、無回答が3％であった」

2 文書の作成　グラフの作成

解答と解説

[問題1] 模範記述は右の通り。
注意点は、
* 数の多少を見るので「棒グラフ」が適切。
* 合計人数の中で男女の区別を見られるようにすること。
* タイトル（標題）を記載する。
* 基点（0）を記載する。
* 単位（事業部名、人）を記載する。

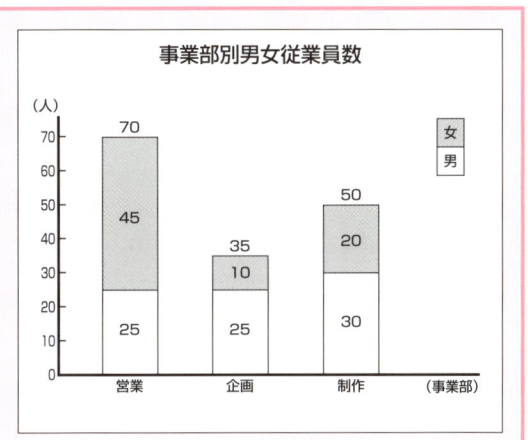

事業部別男女従業員数

(人)

事業部	男	女	合計
営業	25	45	70
企画	25	10	35
制作	30	20	50

[問題2] 模範記述は右の通り。
注意点は、
* 構成比率の比較なので「帯グラフ」が適切。
* 区切りを点線で結ぶこと。
* タイトル（標題）を記載する。
* 単位（工場名、％）を記載する。

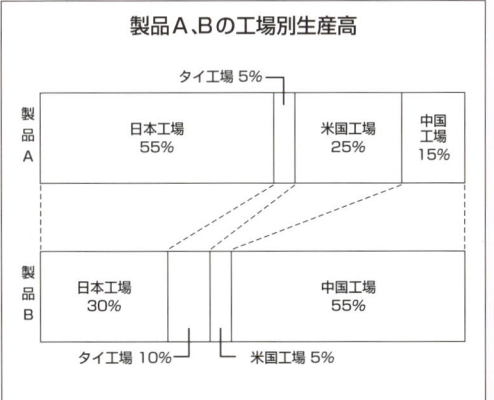

製品A、Bの工場別生産高

製品A：日本工場 55%　米国工場 25%　中国工場 15%　タイ工場 5%
製品B：日本工場 30%　中国工場 55%　タイ工場 10%　米国工場 5%

[問題3] 模範記述は右の通り。
注意点は、
* 合計が100％になるので「円グラフ」が適切。
* 記入の順番は「かなり積極的」→「やや積極的」→「やや消極的」→「かなり消極的」→「無回答」で書く。
* タイトル（標題）を記載する。
* 単位（％）の記載を忘れずに。

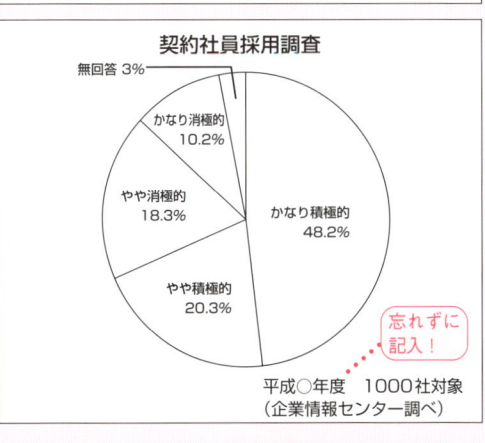

契約社員採用調査

- かなり積極的　48.2%
- やや積極的　20.3%
- やや消極的　18.3%
- かなり消極的　10.2%
- 無回答　3%

平成○年度　1000社対象
（企業情報センター調べ）

忘れずに記入！

67

実戦問題

問題4 グラフの作成【記述】

次は、過去4年間の社員一人あたり年間残業時間数の推移を示した表である。これを見やすいグラフにして、下の枠内に書きなさい。
（定規を使わないで書いてもよい）

	平成17年	18年	19年	20年
残業時間	200	125	175	150

（単位：時間）

問題5 グラフの作成【記述】

次は、平成〇年度におけるA社の主要製品別売上高構成比を示した表である。これを見やすいグラフにして、下の枠内に書きなさい。
（定規を使わないで書いてもよい）

製品名	洋服	靴	バッグ	アクセサリー
構成比率	18%	14%	25%	43%

問題6 グラフの作成【記述】

次は、商品Eと商品Fの売上高前年比伸び率の推移である。これを見やすいグラフにして、下の枠内に書きなさい。
（定規を使わないで書いてもよい）

	2005年	2006年	2007年	2008年
商品E	1.5%	2.0%	5.0%	3.5%
商品F	7.0%	6.0%	3.0%	6.0%

2 文書の作成　グラフの作成

解答と解説

[問題4] 模範記述は右の通り。
注意点は、
＊数の推移なので「(折れ)線グラフ」が適切。
＊タイトル(標題)を記載する。
＊基点(0)を記載する。
＊単位(年、時間)を記載する。

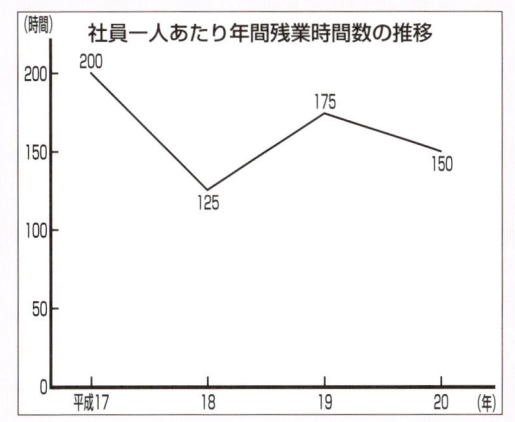

(時間)
社員一人あたり年間残業時間数の推移
200　200
150　　　　　　175　150
125
100
50
0　平成17　18　19　20　(年)

[問題5] 模範記述は右の通り。
注意点は、
＊合計が100％になるので「円グラフ」が適切。
＊記入の順番は構成比率が大きい順に書く。
＊タイトルを円グラフの外に書くか、中央に入れる(タイトル〈表題〉を円グラフの中央に入れた応用例。タイトルは外に書くのが基本)。
＊単位(％)を必ず記入する。

平成○年度
A社主要製品別
売上高
アクセサリー 43％
バッグ 25％
洋服 18％
靴 14％

[問題6] 模範記述は右の通り。
注意点は、
＊数の推移なので「(折れ)線グラフ」が適切。
＊実線と点線などで区別する。
＊タイトル(標題)を記載する。
＊基点(0)を記載する。
＊単位(年、％)の記載を忘れない。

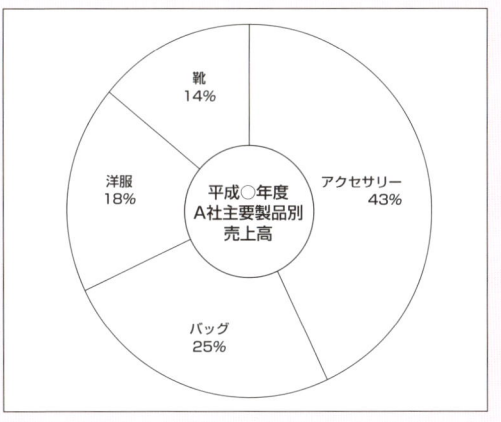

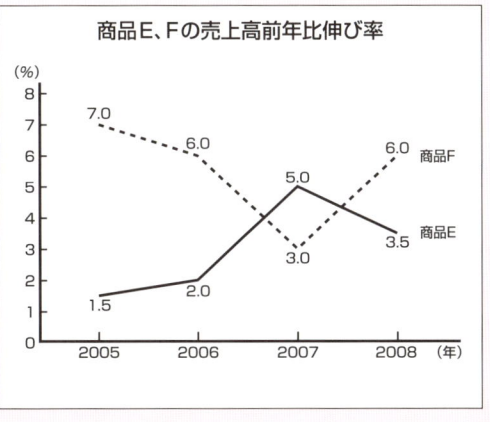

商品E、Fの売上高前年比伸び率
(％)
8
7　7.0
6　　　6.0　　　　　　6.0　商品F
5　　　　　　　5.0
4
3　　　　　　　3.0　3.5　商品E
2　　　2.0
1　1.5
0　2005　2006　2007　2008　(年)

69

③ 文書の取り扱い
受発信業務と「秘」扱い文書

POINT!
「秘」文書の取り扱い方が最大のポイント。「秘」文書の郵送方法はしっかり暗記すること！

🔴 受発信文書の注意点

□ 受信文書の開封	■ 開封してはいけない文書…①私信（プライベートなもの）、②公信でも「親展」、書留、「秘」扱いの文書、③公信か私信かわからないもの。 ■ 開封してもよい文書…公信（社用封筒）で来ているものとDM（ダイレクトメール）類。
□ 発信文書の封の仕方	必ずのり付けしてから出す。テープは不可。 「親展」（本人が開封してくださいという意味）や儀礼的な社交文書を出すときは、封じ目に「〆」の印を書くか封印（p.31参照）を押す。

🔴 取り扱いの留意点

文書と封筒	重要書類	返信
文書と封筒は、一緒にクリップでとめて渡す	急なものと重要なものは上にして渡す	こちらが出した手紙の返事であれば、出した手紙の控え（コピーなど）を添付して上司に渡す
DM	**書留**	**重要箇所**
DMなどで上司に見せる必要がないものは処分する（事前に上司の指示があった場合）	書留は、文書（受信・発信）簿に記録する	文書の重要な箇所にアンダーラインを引いたり、要点をメモして添えたりする（事前に上司の指示があった場合）

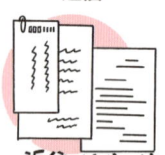

70

3 文書の取り扱い　受発信業務と「秘」扱い文書

●「秘」文書の社内での取り扱い

□ 机上(きじょう)	さりげなく裏返すか、机の中にしまう。	「秘」書類はくれぐれも慎重に取り扱うこと！
□ 離席(りせき)	机の中にしまう。	
□ 持ち歩き	「秘」とわからないよう無印封筒に入れる。	
□ コピー	人がいない時間・場所を選び、必要部数以外コピーを取らない（自分の控えなどは取らない）。 ミスコピーは文書細断機（シュレッダー）にかけ処分し、原稿を置き忘れないこと。原稿は上司にすぐ返却する。	
□ 貸し出し	上司の許可を得てから貸し出す。	
□ 他部署に渡す	「文書受渡簿」に受領印をもらう。	
□ 配付	番号をつけ、配付先と名前を控えておく。	
□ 不在の人に	「秘」文書です、と口頭で念を押さない。封筒に入れ「親展」と書いて封をして置いてくる。	

●「秘」文書の社外への郵送

□ 郵送準備	二重封筒にする（1枚目は透けない封筒にして「秘」の印を押す。2枚目は別の封筒に入れ「親展」の印を押す、「秘」の印は押さない）。
□ 郵送方法	「書留」あるいは「簡易書留」扱いにする。
□ 郵送後	発送後、「秘」文書を送ったことを先方に電話で連絡する。文書（受信・発信）簿に記録する。

●「秘」文書の保管の仕方

□ ファイル	ファイルするときは一般の文書とは別にする。
□ 保管場所	鍵のかかるところに保管する。鍵は上司と秘書が1個ずつ持ち、厳重に保管する。

実戦問題

問題1　受信文書

次は、文書を受信する際に、秘書A子が心がけていることである。中から不適当と思われるものを選びなさい。

1) 公信か私信か判断のつかないものは開封しないで渡す。
2) 開封した郵便は、発信日付順に重ねて渡す。
3) 書留郵便は受信簿に記入し、開封しないで渡す。
4) 親展の郵便物は、開封せずに上司に渡す。
5) 「秘」文書は開封せずに、早めに上司に見てもらえるように渡す。

問題2　「秘」文書

次は、「秘」文書の取り扱いについて述べたものである。中から不適当と思われるものを選びなさい。

1) 社内で「秘」文書を持ち歩くときは、「秘」文書とわからないよう無印の封筒に入れる。
2) コピーをするときは、自分の控えとして、数部多くコピーしておく。
3) コピーをするときは、原稿そのものを置き忘れないようにし、原稿は上司にすぐ返す。
4) 配付するときは、番号をつけ、配付先と名前を控えておく。
5) 席を離れなくてはいけないときは、机の中にしまい、ほかの人に見られないようにする。

問題3　受発信文書・「秘」文書

次は、文書の取り扱いについて述べたものである。中から不適当と思われるものを選びなさい。

1) 書留郵便は出す、受け取る、両方ともに「文書（受信・発信）簿」に記録する。
2) 「秘」文書は必ず鍵のかかるところに保管し、上司と秘書がそれぞれ鍵を持つ。
3) 上司宛ての郵便物で公信か私信かわからないものは、開封しないで渡す。
4) 「秘」文書を郵送するときは、速達で送り、そのことを先方に連絡しておく。
5) 社用封筒で来ている郵便物は公信と判断し、開封して渡す。

問題4　「秘」文書【記述】

秘書A子が「秘」文書を郵送するにあたり、心がけなければいけないことを箇条書きで三つ答えなさい。

（　　　　　　　　　　）
（　　　　　　　　　　）
（　　　　　　　　　　）

問題5　「秘」文書【記述】

秘書A子が「秘」文書を取り扱う際に注意していることである。（　　）内に適切な言葉を記入しなさい。

1) 他部署に渡すときは、文書受渡簿に（　　）をもらう。
2) 不在の人に置いてくるときは、（　　）と書いて封をして置いてくる。
3) 配付するときは、番号をつけ、（　　）と名前を控えておく。

3 文書の取り扱い　受発信業務と「秘」扱い文書

解答と解説

[問題1] **2）×**　開封した郵便物を上司に渡すときは、「重要なもの」「急ぐもの」の順にして渡すので、発信日付順は不適切である。
1）○ 判断がつかないものは開封しない。
3）○「必ず文書（受信・発信）簿に記入」、「開封しない」がポイント。
4）○「親展」は開封してはいけない文書の1つである。
5）○「秘」文書は「開封しない」かつ重要なものの1つなので、早めに見てもらえるように一番上にして渡す。

[問題2] **2）×**　コピーするときは、必要部数以外コピーを取らない。人がいない時間を選び、ミスコピーは文書細断機にかけるくらい慎重に扱う。
1）○ 持ち歩くときは「無印封筒」がキーワード。
3）○ コピーしたあとは、原稿を上司にすぐ返却すること。
4）○ 配付するときは、だれに配付したかあとからでもわかるようにこのようにする。
5）○ 離れるときはほかの人に見られないようにこのようにすること。

[問題3] **4）×**　「秘」文書を郵送するときは、「書留」あるいは「簡易書留」扱いにする。

合否の分かれ目
1）○ 書留を取り扱う場合、必ず記録を残すこと。
2）○ 保管の仕方はこの通りである。
3）○ わからない、判断がつかないものは開封しない。
5）○ 社用封筒は「親展」「秘」でなければ基本的に開封してよい。

[問題4]
・二重封筒にする。
・1枚目は透けない封筒にして「秘」の印を押す。
・2枚目は別の封筒に入れ「親展」を押す。
・郵送する際は「書留」あるいは「簡易書留」扱いにする。
・文書（受信・発信）簿に記録する。
・発送後、相手に「秘」文書を送ったことを電話連絡する。
　　以上の中からいずれか3つを答える。

[問題5] 1）受領印　　2）親展　　3）配付先
1）他部署に渡すときは、「上司の許可」を受けたあと、文書受渡簿に必ず受領印をもらう。
2）不在の人に置いてくるときは、ほかの人が開封しないように、本人が開封するという意味の「親展」を記入し、必ず封をして置いてくる。
3）配付するときは、番号をつけること。「配付先」と「名前」を控えておくことがポイント。

3 文書の取り扱い
郵便の知識

POINT!

ほぼ毎回出題される。ただし郵便料金や重量などの数字までは問われない。

郵便の基礎知識

通常郵便物	「封書」「はがき」のこと。 ＊「重量」と「大きさ（定形・定形外）」によって料金が決まる。
特殊取扱	「速達」「書留」など「特殊取扱郵便物（p.76）」を参照。
小包郵便物	一般小包郵便物（ゆうパック）、ゆうメール（旧 冊子小包）。 ＊「サイズ・大きさ」と「宛て地」によって料金が決まる。

封書の知識〈宛名の書き方〉

[縦書き]

> 宛名を書き損じた場合は、新しい封書に書き直す。

> 社用封筒はこれらは印刷ずみになっている。

切手　160-0022
東京都新宿区百人町
○丁目○番○号
新宿商事株式会社
部長　高橋研二様

株式会社 カモノハシ書店
〒112-0013　東京都文京区音羽1-2-3
TEL　03(3943)XXXX代

[横書き]

東京都新宿区百人町
　○丁目○番○号
　新宿商事株式会社
　　部長　高橋研二様

株式会社 カモノハシ書店
〒112-0013　東京都文京区音羽1-2-3
TEL　03(3943)○○○○代

切手　160-0022

[外脇付け]

> 切手はなるべく料金分1枚が望ましい。切手は封筒が縦長のときは左上、横長のときは右上に貼る。

> 「請求書在中」なども、この脇付けの位置に書く。

切手　160-0022
東京都新宿区百人町
○丁目○番○号
新宿商事株式会社
部長　高橋研二様

親展

[ホテル宛て]

切手　101-0052
東京都千代田区小川町
○丁目○番○号
△△ホテル気付
高橋研二様

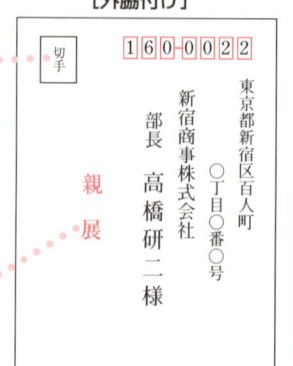

> ホテルの宿泊者宛ての場合は「気付」を入れると本人に届く。

はがきの知識

□ **はがきの種類**	「通常はがき」「往復はがき」などがある。「私製はがき」は規定サイズで「郵便はがき」の文字を入れれば使える。
□ **書き損じ**	書き損じたはがきは、手数料を支払って新しいものと交換できる。
□ **貼りつけ**	表裏面には、はがきサイズであれば、シールや薄い紙が貼れる。
□ **通信文**	裏面だけでなく表面の下部にも通信文が書ける。

通常郵便物〈往復はがきの書き方〉

□ **欠席の場合**
（例：講演会）

①二本線で消し、理由を添え「欠席させていただきます」の文章を書く。
②「御」だけ消す。
③「御芳」まで消す。
④二本線で消し、企業名宛てなので「御中」と書く。

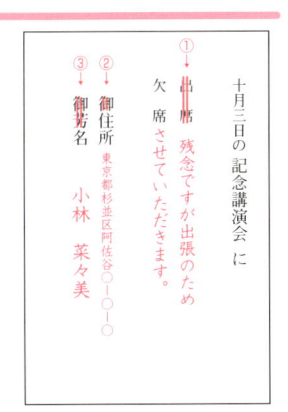

[往復はがき表面: 〒112-0013 東京都文京区音羽○-一-○ 凸凹印刷株式会社 ④御中]

[往復はがき裏面: 十月三日の 記念講演会に ①出席 残念ですが出張のため 欠席させていただきます。 ②御住所 東京都杉並区阿佐谷○-一-○ ③御芳名 小林 菜々美]

□ **出席の場合**
（例：結婚式）

①お祝いのひと言を添える。
②「ご」だけ消し、「出席させていただきます」と書く。
③二本線で全部消す。
④「ご」だけ消す。
⑤「ご芳」まで消す。
⑥二本線で消し「様」と書く。

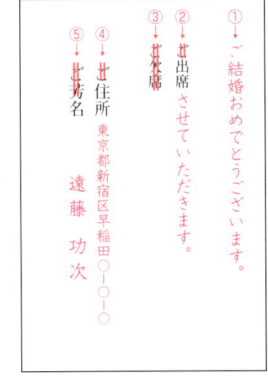

[往復はがき表面: 〒112-0013 東京都文京区大塚○-一-○ 鈴木 三郎 ⑥様]

[往復はがき裏面: ①ご結婚おめでとうございます。 ②ご出席させていただきます。 ③ご欠席 ④ご住所 東京都新宿区早稲田○-一-○ ⑤ご芳名 遠藤 功次]

🔴 小包の知識

□ 一般小包	「ゆうパック」のこと。サイズ・大きさと宛て地によって料金が異なる。
□ ゆうメール	冊子形状の印刷物を3kgまで送ることができる。 [例] 書籍、雑誌、各種パンフレット、商品カタログ、会社案内
□ 小包の 　特殊取扱	「速達」や「書留」扱いにもできる。手紙は同封できない（添え状、送り状は可）。

🔴 特殊取扱郵便物

□ 料金	下記の取り扱いにする場合は、通常郵便物または小包郵便物の料金に特殊取扱の料金が加算される（ただし、秘書検定では具体的な料金については問われない）。
□ 速達	「通常郵便物」も「小包郵便物」も重量によって料金が変わる。 ＊通常郵便物の料金（g）＋書留料金がかかる。 ＊書留を速達扱いにすることもできる（書留料金＋速達料金）。
□ 書留	書留には一般書留、現金書留、簡易書留という種類がある。送るものにより使い分ける。郵便局の窓口での取り扱いとなる。

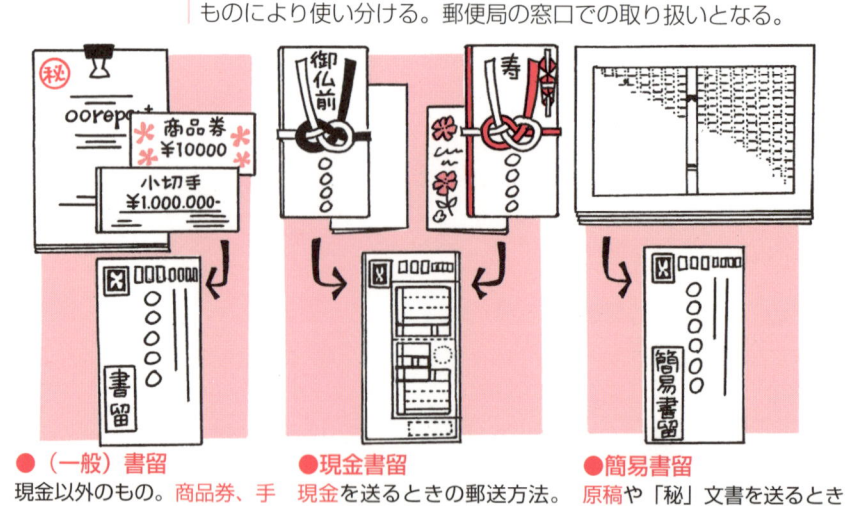

●（一般）書留
現金以外のもの。商品券、手形、小切手などを送るときや「秘」文書を送るときの郵送方法

●現金書留
現金を送るときの郵送方法。通信文同封可能（香典＋お悔やみ状などの場合）

●簡易書留
原稿や「秘」文書を送るときの郵送方法。損害賠償額が少額のため一般書留より料金が安い

3 文書の取り扱い　郵便の知識

□ 引受時刻証明	差し出した時刻を証明（書留扱いになる）。 ＊相手にいつ出したかがわかる。
□ 配達証明	配達した日付を証明（書留扱いになる）。 ＊相手に確実に届いたかどうかがわかる。
□ 内容証明	どんな内容の文書を出したかを証明（書留扱いになる）。 ＊主に法的文書を出すときに用いられる。

大量郵便物

□ 料金別納	●郵便物が同一料金であること。 ●同時に10通以上出すこと。 ●料金一括支払いができ、便利である。	差出局名 料金別納 郵便
□ 料金後納	●毎月50通以上(小包・冊子小包除く)出すこと。 ●差出局の郵便局長の承認を受ける。 ●料金は翌月20日までに現金払い。	差出局名 料金後納 郵便
□ 料金受取人払	●アンケートなどの返信用などに使われる。 ●あらかじめ郵便局の承認を受けて表示。 ●受取人が返信された分だけ郵便料金を支払う。 ●配布枚数は100枚以上の場合。	料金受取人払郵便 000 差出有効期限 平成○年○月 ○日まで
□ 郵便区内特別郵便	●同じ郵便局区内へ「同じ形・重さ・取り扱い」の郵便物を同時に100通以上出す場合。 ●大きさ、重さ制限がある。 ●「郵便区内特別」の表示が必要。	

> これら大量郵便物の方法は儀礼を重んじる場合（取締役社長就任の挨拶状、結婚式の招待状など）には利用しないこと！

実戦問題

問題1 通常郵便物・小包郵便物

次は、通常郵便物と小包郵便物について述べたものである。中から不適当と思われるものを選びなさい。

1) 封書やはがきは、その重さと大きさにより料金が違ってくる。
2) 封書には定形郵便物と定形外郵便物の区別がある。
3) ゆうメールは冊子とした印刷物等であれば、口頭でゆうメールであることを伝えればよい。
4) ゆうメールは重さは3kgまでのものを送ることができる。
5) ゆうメールは内容品が確認できるように、納入口など一部開くようにしている。

問題2 特殊取扱郵便物・大量郵便物

次は秘書A子が行った郵送の方法である。中から不適当と思われるものを選びなさい。

1) 上司の知人へのお祝いに商品券を送るように指示されたので、祝い状を添えて「書留」で送った。
2) 上司が連載している雑誌を知人に送るように指示されたので、定形外だったがそのまま送った。
3) 取引先が災害にあい、見舞金を送るよう指示されたので、見舞状を添えて「現金書留」で送った。
4) 取引先に「秘」文書を送るように指示されたので、封筒に「親展」と書き、「書留」で送った。
5) 取引先20社にパンフレットを送るよう指示されたので、切手を貼る手間を省き「料金別納」で送った。

問題3 特殊取扱郵便物・大量郵便物

次は、特殊郵便と大量郵便について述べたものである。中から不適当と思われるものを選びなさい。

1) 「配達証明」や「内容証明」は書留扱いである。
2) どんな内容の文書を出したかを証明するのは「内容証明」が適している。
3) 料金が同じ案内状を30通出すので「料金別納郵便」が適している。
4) アンケートなどの返信用としては「料金後納郵便」が適している。
5) 配達した日付を証明するのは「配達証明」が適している。

問題4 特殊取扱郵便物・大量郵便物

次は秘書A子が行った郵送の方法である。中から不適当と思われるものを選びなさい。

1) 100社に役員交代の挨拶状を送るときに「料金別納」で送った。
2) 上司が依頼されていた原稿を出版社に急いで送るときに「簡易書留」の速達で送った。
3) 祝い状と一緒に商品券を送るときに「書留」で送った。
4) 病気見舞状と一緒に見舞金を送るとき「現金書留」で送った。
5) 会社が出版した書籍を送るときに「ゆうメール」で送った。

問題5 往復はがきの書き方【記述】

秘書A子は上司から返信はがきを渡された。「出席」で出しておいてほしいとのことである。右のはがきに書き入れなさい。

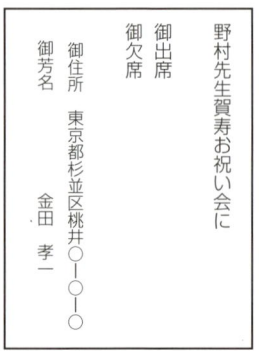

野村先生賀寿お祝い会に
御出席
御欠席
御住所　東京都杉並区桃井〇-一-〇
御芳名　金田　孝一

3 文書の取り扱い　郵便の知識

解答と解説

[問題1] **3）✕**　ゆうメールは郵便物の表面の見やすいところに「ゆうメール」の文字を明瞭に記載しなければならない。
1）○　通常郵便物である封書とはがきは「重量」と「大きさ」により料金が変わる。
2）○　定形（料金は2種類）と定形外（料金は8種類）の区別がある。
4）○　重さはこの通りだが、サイズは縦＋横＋高さ＝1.7メートル以内となっている。
5）○　納入口を一部開けるか透視できるような部分を設けるようにしなければならない。

[問題2] **2）✕**　雑誌など冊子とした印刷物などが安く送れるように「ゆうメール」がある。定形外をそのまま送るとゆうメールよりも料金が高くなる。
1）○　商品券は「書留」扱いで、通信文（祝い状）も同封できる。
3）○　現金は「現金書留」で送り、通信文（見舞状）も同封できる。
[合否の分かれ目] 4）○　「秘」文書を送るときは、「親展」と書き、「書留」か「簡易書留」扱いがポイント（p.71〈秘〉文書の社外への郵送〉参照）。
5）○　同一料金の郵便物を同時に10通以上送るので「料金別納」が正しい。

[問題3] **4）✕**　アンケートなどの返信用は「料金受取人払」が適している。「料金受取人払」とは、受取人が返信された分のみ郵便料金を支払う方式のこと。
1）○　「配達証明」「内容証明」「引受時刻証明」は書留扱いである。
2）○　文字通り送った郵便物の内容を郵便局が証明するもの。法的文書でよく使われる郵送方式。
3）○　料金が同じ郵便物10通以上は「料金別納郵便」にできる。
5）○　いつ配達したか証明するもの。法的文書でよく使われる郵送方式。

[問題4] **1）✕**　役員交代の挨拶状は格式を重んじて作られている。「料金別納」という納付が簡略化されたものではなく、格式を重んじて切手を貼って送るのが一般的である。
2）○　「簡易書留」を速達にすることもできる。
3）○　「書留」は通信文も同封できる。
4）○　「現金書留」は通信文を同封できる。
5）○　書籍は「ゆうメール」で送ったほうが一般的に安く送れる。

「書留」類はすべて速達にできる！

[問題5]　模範記述は右の通り。
① 「御出席」の「御」を二本線で消す。
② 「させていただきます」「します」いずれかを書き添えること。
③ 「御欠席」を二本線で消す。
④ お祝いのひと言を添えること。
⑤ 「御住所」の「御」を二本線で消す。
⑥ 「御芳名」の「御芳」までを二本線で消す。

「出席」を○で囲まなくてもよい。「欠席」の場合も「このたびはおめでとうございます。残念ながら出張のため……」などのひと言を添える。

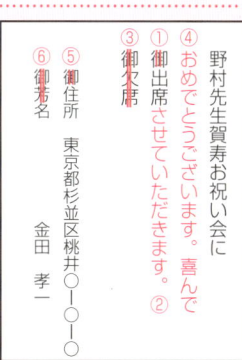

① 野村先生賀寿お祝い会に
④ おめでとうございます。喜んで
③ 御出席させていただきます。
② 御欠席
⑤ 御住所　東京都杉並区桃井○-○-○
⑥ 御芳名　金田　孝一

4 資料管理

ファイリング

POINT!
主にファイリングの用語について問われる。ファイリング用品について記述させられる場合もある。

ファイルの整理法

□ 相手先別整理法	取引先ごとの往復文書などを1つにまとめてファイルする方法。1冊で相手に関するものがまとめて見られる。 ［主な使用例］会社別、個人別
□ 主題別整理法	「何が書かれているのか」によって分類。テーマ別に分ける方法。 ［主な使用例］カタログ製品別、○○会議別
□ 一件別整理法	特定の取引、行事、工事などで分ける方法。始まりから終わりまで経過がわかる。 ［主な使用例］98年入社式
□ 標題別整理法	タイトルごとにまとめる方法。タイトルがそのまま分類の名称になったもの。 ［主な使用例］発注書、見積書
□ 形式別整理法	文書の量が少ないものを文書の形式ごとに分ける方法。 ［主な使用例］お礼状、通信文、挨拶状など

ファイリング用語

□ バーチカル・ファイリング	書類をとじないでファイルにはさみ、キャビネットに立てて収納すること。 【特徴】 ●とじる手間がかからない。 ●文書の増減がわかる。 ●取り出しやすい。 ●とじ具がないため、ファイリングが薄くてすむ。
□ 個別フォルダー	取引先の名称などのタイトルをつけたフォルダー。
□ 雑フォルダー	個別フォルダーにするほど枚数が多くない取引先の文書を雑居して入れるフォルダー。

4 資料管理　ファイリング

□ ガイド	ガイドとは、ファイルを区切り、見出しとなる厚紙のこと。五十音などの第1ガイドを立て、タイトルや相手先の個別フォルダーを立てる。細分化したいときは、さらに小見出しとなる第2ガイドを立てる。
□ 貸し出しガイド	貸し出すとき、資料のかわりに差し込んでおくもの。フォルダー内の全文書を貸し出すときは貸し出し用の持ち出しフォルダーに入れ替えて貸す。フォルダーごと貸し出さない。

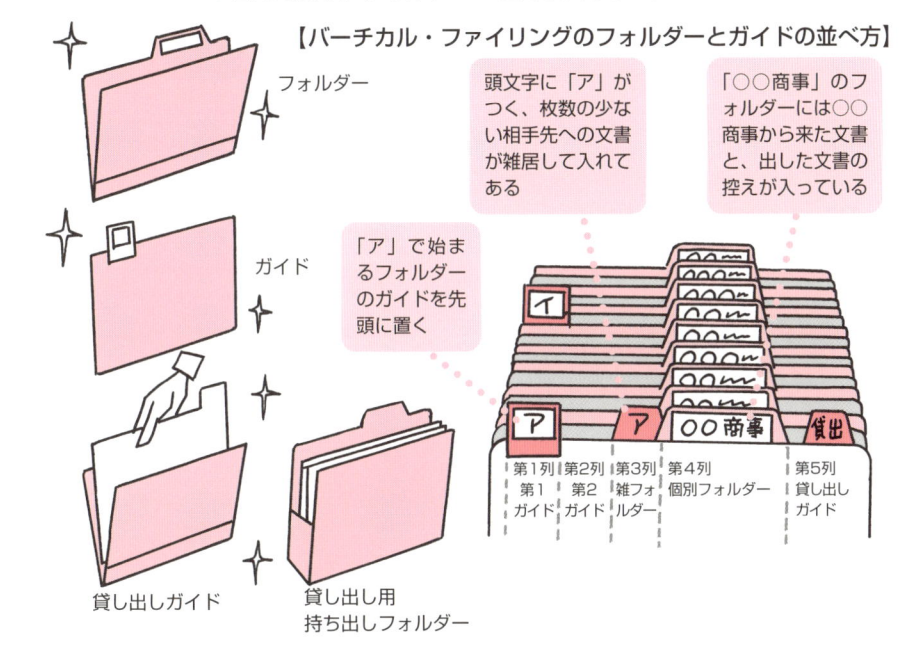

【バーチカル・ファイリングのフォルダーとガイドの並べ方】

フォルダー

ガイド

貸し出しガイド

貸し出し用
持ち出しフォルダー

頭文字に「ア」がつく、枚数の少ない相手先への文書が雑居して入れてある

「〇〇商事」のフォルダーには〇〇商事から来た文書と、出した文書の控えが入っている

「ア」で始まるフォルダーのガイドを先頭に置く

第1列　第2列　第3列　第4列　第5列
第1　　第2　　雑フォ　個別フォルダー　貸し出し
ガイド　ガイド　ルダー　　　　　　　ガイド

ファイルの移し替え・置き換え

□ 移し替え（保管）	古くなって使わなくなった文書を同室内で移すこと。半年ないし1年に一度行う。
□ 置き換え（保存）	事務室から倉庫などに移すこと。社内規定により保存期間が定められている場合が多い。商法その他によって保存期間が定められている場合もある。
□ 廃棄	内規に従い文書細断機（シュレッダー）などで確実に廃棄する。

実戦問題

問題1 ファイルの整理法

次は、ファイリングの仕方とその説明の組み合わせである。中から不適当と思われるものを選びなさい。

1) 主題別整理法 ＝ 文書の内容に何が書いてあるのかをとらえ、それをテーマにしてファイルする方法。
2) 形式別整理法 ＝ 文書量が少ない場合、通達文とか挨拶状などその形式をタイトルにしてファイルする方法。
3) 一件別整理法 ＝ 分厚いカタログや文献、名簿など、厚すぎて1冊ずつしか整理できないものをファイルする方法。
4) 標題別整理法 ＝ 注文書や見積書など、その標題をそのままタイトルにしてファイルする方法。
5) 相手先別整理法 ＝ 取引先ごとに一つのフォルダーにし、その会社との往復文書などをファイルする方法。

問題2 ファイリング用語

次は、ファイリング用具とその名称の組み合わせである。中から不適当と思われるものを選びなさい。

1) フォルダー　　2) ガイド
3) パンチ　　　　4) 二段トレー
5) 貸し出しガイド

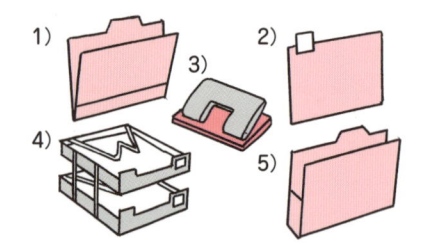

問題3 ファイリング用語

次は、ファイリングに関するものとその説明の組み合わせである。中から適当と思われるものを選びなさい。

1) キャビネット ＝ 文書や書類をまとめてはさんでおくもの。
2) ファイルの移し替え ＝ 社内規定により、事務室などに移すこと。
3) デスクトレー ＝ 机の上に置く手紙用のケースのこと。
4) バーチカル・ファイリング ＝ 書類をとじないので手間がかからず、取り出しやすい。
5) ファイルの置き換え ＝ 半年ないし1年に一度行う文書の整理のこと。

問題4 ファイリング用語

次は、文書を相手先別にバーチカル・ファイリングをする場合の説明である。中から不適当と思われるものを選びなさい。

1) 個別フォルダーに入れる文書の枚数には制限があるが、雑フォルダーには制限がない。
2) 雑フォルダーには個別フォルダーにない相手先で文書の枚数が少ないものを入れる。
3) 個別フォルダーには、タイトル名の相手先から来た文書とそこへ出した文書の控えを入れる。
4) 個別フォルダーと雑フォルダーで1グループができたらその見出しとしてガイドを立てる。
5) フォルダー内の全文書を貸し出すときは貸し出し用の持ち出しフォルダーに入れ替えて貸す。

問題5 ファイリング用語【記述】

次のファイル道具の名前を答えなさい。

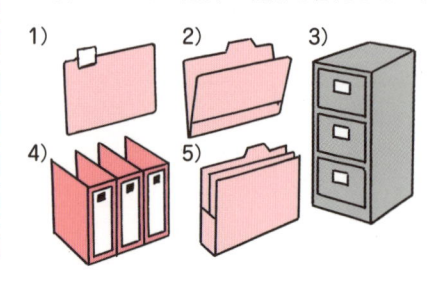

1)　　2)　　3)
4)　　5)

解答と解説

[問題1] **3） ✕** 「一件別整理法」とは、たとえば取引とか行事とか、そのことに関することを1つにまとめてファイルする方法のこと。
　1）○ 主題別整理法は「テーマ別」がキーワード。
　2）○ 形式別整理法は「文書量が少ない」がキーワード。
　4）○ 標題別整理法は「タイトルごと」がキーワード。
　5）○ 相手先別整理法は「取引先ごと」がキーワード。

[問題2] **5） ✕** これは「持ち出しフォルダー」もしくは「貸し出しフォルダー」である。持ち運びを考え、薄型で簡易箱型をしている。
　1）○ 書類などをはさみ込み、とじないでファイルするもの。
　2）○ ファイルを区切り、見出しとして立てるもの。
　3）○ 2つの穴をあける道具のこと。
　4）○ 決裁箱、文書箱などと呼ばれ、一段のものもある。二段の場合は上下段を「未決裁」「決裁」などと分けて使われる。

[問題3] **4） ○** 「バーチカル・ファイリング」とは書類をとじないでファイルにはさみ、キャビネットに立てて、収納することなので、手間がかからず取り出しやすい。このほかに「文書の増減がわかる」「とじ具がない分、ファイルが薄くすむ」などの利点がある。
　1）✕ キャビネットとはフォルダーを収納しておくスチール製などの戸棚のこと。
　2）✕ 「移し替え」は「保管」のことなので、同室内で古くなった文書を移すこと。半年ないし1年に一度行う。
　3）✕ デスクトレー（トレイ）とは一般的には文書を入れ、机の上に置く箱のこと。
　5）✕ 「置き換え」は「保存」のことなので、事務室などから倉庫などへ移すこと。社内規定で保存期間が決められていたり、商法で決められていたりする。

[問題4] **1） ✕** 通常は個別フォルダーも雑フォルダーも容量は同じである。入れる文書の枚数に制限はなく、容量分だけ入れることができる。入りきらなくなったら2つのフォルダーに分けることもできる。
　2）○ 「雑フォルダー」とは「個別フォルダーにするほど枚数が多くない」がキーワード。
　3）○ △△会社の個別フォルダーには△△会社からきたもの、△△会社へ出したものが入っている。
　4）○ 個別フォルダーが増えてきた場合は、ガイドを立てたほうが見やすい。
　5）○ フォルダーを貸し出すときには、「フォルダーごと貸し出さない」ことをしっかり覚えておくこと。

（合否の分かれ目）

[問題5]　1）ガイド
　2）（個別）フォルダー
　3）（ファイリング）キャビネット
　4）バインダー
　5）持ち出しフォルダー、貸し出しフォルダーのいずれか

4 資料管理

各種資料の管理

POINT!

名刺、雑誌、カタログの整理法などが、まんべんなく問われる。

🌸 名刺の整理法

☐ **名刺整理簿**
- ○一覧性がある。
- ○少量の場合は便利。
- ×大きさが異なる名刺は不都合。
- ×大量に整理できない。
- ×差し替えが不便。

☐ **名刺整理箱**
- ○大量に整理できる。
- ○大きさに関係なく整理できる。
- ○出し入れ、追加に便利。
- ○差し替えがスムーズ。
- ×一覧性がない。

☐ **クロス検索**
「会社名はわかっても個人名がわからない」、逆に「個人名はわかっても会社名がわからない」などの場合に備えて、名刺とは別にカードを作り検索できるようにしておく方法。

```
A商会
文京区音羽1-2-3
03-3943-0000
    営業1課  佐藤一朗
    営業2課  山田太郎
```
名刺を名前で整理した場合は、会社名ごとにカードを作成

```
佐藤一朗  A商会
文京区音羽1-2-3
営業1課
03-3943-0000
```
名刺を会社ごとに整理した場合は、名前ごとにカードを作成

A商会のだれだったか思い出せない

佐藤さんはA商会の営業だったか、B企画の営業だったか思い出せない

☐ **パソコンによる管理**
名刺データをパソコンに入力し「取引先一覧」などのタイトルで管理する方法。
- ○増減、訂正、検索に便利。
- ×データの流出、不正コピーなどに注意が必要。

4 資料管理　各種資料の管理

□ 名刺整理の注意点	●受け取った名刺、出して使った名刺はガイドのすぐ後ろに入れる。よく使う名刺は前に、使わない名刺は後ろの位置になり、年に一度の整理のときの目安となる。 ●住所・電話番号の変更や異動などで肩書きが変わったことを知ったら、すぐ訂正する。 ●上司の個人的なものは別にする。 ●少なくとも1年に1回は古い名刺や使わない名刺をチェックし、不用なものは必ず破って捨てる。

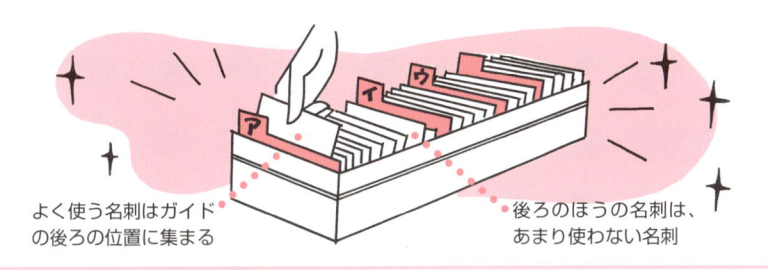

よく使う名刺はガイドの後ろの位置に集まる

後ろのほうの名刺は、あまり使わない名刺

● カタログの整理法

□ ハンギング・フォルダー	カタログなどで薄いものをはさんで整理する道具。
□ 自社カタログ	古いものでも保管。他社カタログの古いものは捨てる。
□ 総合カタログ	最新のものだけにする。
□ その他	●厚いものは書棚に立てる。 ●商品・製品別に分類する。 ●年に一度はチェックして新しいものが入手できたら、古いカタログは捨てる。

ハンギング・フォルダー

85

雑誌の整理法

□ 応接室や上司の部屋	最新号を置く。
□ 保存の必要なもの	半年か1年分を合本（がっぽん）しておく。雑誌名・○年○月～・○号（発行年と号数）を書いておく。
□ 保存期間	一般誌は前年度分、専門誌は長くて5年間。

雑誌や新聞の切り抜き方

① 該当箇所をマークし、新聞は翌日以降、雑誌は次号発行後に切り抜く。

② 切り抜いた余白に、新聞は「紙名・日付・朝夕刊の別・地方版名」を記載する。雑誌は「誌名・年月・号数・ページ」を記載する。

③ 台紙はA4に統一し、原則として1枚1記事としフォルダーに入れてキャビネットで整理する。（テーマが同じであれば1枚に複数記事可）

カタログ・雑誌関連用語

□ 旬刊（じゅんかん）	10日ごとに発行される雑誌。
□ 隔月刊（かくげっかん）	2か月に一度発行される雑誌。
□ 季刊	年に4回発行される雑誌。
□ 絶版	一度出版した刊行物を再版しないこと。
□ 増刊	臨時に発行される刊行物。
□ 落丁（らくちょう）	ページが抜け落ちていること。

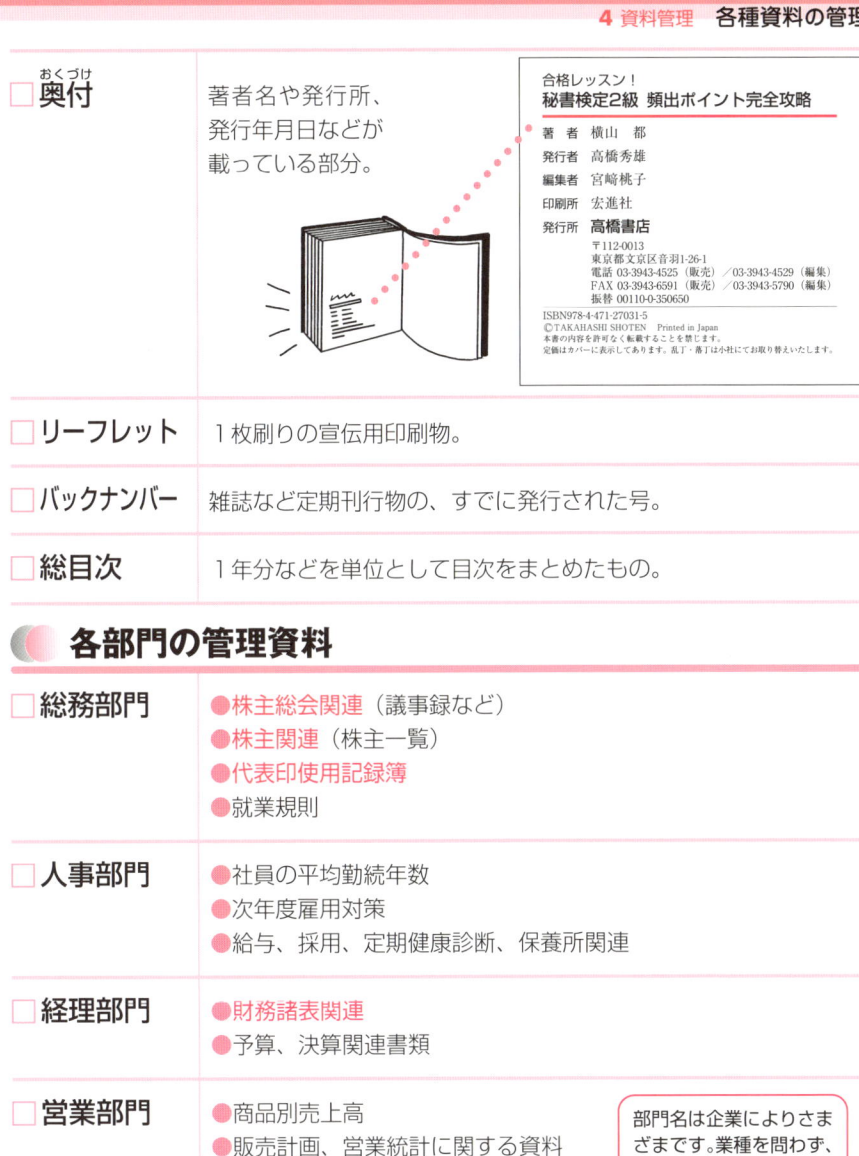

4 資料管理　各種資料の管理

□ 奥付(おくづけ)	著者名や発行所、発行年月日などが載っている部分。

合格レッスン！
秘書検定2級 頻出ポイント完全攻略
著　者　横山　都
発行者　高橋秀雄
編集者　宮崎桃子
印刷所　宏進社
発行所　高橋書店
〒112-0013
東京都文京区音羽1-26-1
電話 03-3943-4525（販売）／03-3943-4529（編集）
FAX 03-3943-6591（販売）／03-3943-5790（編集）
振替 00110-0-350650
ISBN978-4-471-27031-5
©TAKAHASHI SHOTEN　Printed in Japan
本書の内容を許可なく転載することを禁じます。
定価はカバーに表示してあります。乱丁・落丁は小社にてお取り替えいたします。

□ リーフレット	1枚刷りの宣伝用印刷物。
□ バックナンバー	雑誌など定期刊行物の、すでに発行された号。
□ 総目次	1年分などを単位として目次をまとめたもの。

● 各部門の管理資料

□ 総務部門	●株主総会関連（議事録など） ●株主関連（株主一覧） ●代表印使用記録簿 ●就業規則
□ 人事部門	●社員の平均勤続年数 ●次年度雇用対策 ●給与、採用、定期健康診断、保養所関連
□ 経理部門	●財務諸表関連 ●予算、決算関連書類
□ 営業部門	●商品別売上高 ●販売計画、営業統計に関する資料
□ 企画部門	●製品市場ニーズ ●市場調査を含む企画に関する資料
□ 広報・宣伝部門	●社内報や広報誌 ●マスコミなどへの宣伝活動の資料

> 部門名は企業によりさまざまです。業種を問わず、よくある部門名を取り上げてみました。

87

実戦問題

問題1　名刺の整理法

次は、名刺の整理について述べたものである。中から不適当と思われるものを選びなさい。

1) 名刺整理箱では、名刺の差し替えがスムーズで、追加の際にも便利である。
2) 名刺整理箱では、取り出した名刺を必ずもとの位置に戻しておくと、次に取り出すときに便利である。
3) 名刺を分類するときは、上司の友人など個人的なものは、別にまとめておく。
4) 名刺整理簿では見出しを、名刺整理箱ではガイドを立てると探しやすい。
5) 名刺整理簿は、取引先の数人の名刺を並べて整理してあるので、一覧性がある。

問題2　カタログの整理法

次は秘書A子が、カタログ整理のときに行っていることである。中から不適当と思われるものを選びなさい。

1) 自社のカタログは、他社のカタログと別に整理している。
2) 厚さのあるカタログは、書棚に立てて整理している。
3) 薄いカタログは、ハンギング・フォルダーで整理している。
4) 総合カタログ以外は、製品別に分類している。
5) 総合カタログは年度別にそろえ、古いものも保存している。

問題3　雑誌や新聞の整理法・切り抜き方

次は秘書A子が、雑誌や新聞を切り取ったり整理したりしているやり方である。中から適当と思われるものを選びなさい。

1) 文書などは、必要な部分のみを切り抜き、コピーをして台紙に貼っている。
2) 保存の必要がある雑誌は、事務所から倉庫に移して保管している。
3) 応接室や上司の部屋には、今興味や関心をもたれている事柄が載っている雑誌を置いている。
4) 雑誌や新聞を切り抜くときは、新聞は翌日以降、雑誌は次号発行後に切り抜いている。
5) 雑誌や新聞を切り抜くときは、テーマが同じであれば1枚に複数貼りつけるようにし、台紙の大きさは気にしない。

問題4　カタログ・雑誌関連用語

次は、用語とその説明である。中から不適当と思われるものを選びなさい。

1) 「創刊」とは、新しく発行される刊行物のこと。
2) 「リーフレット」とは、宣伝や案内、説明などのための1枚刷りの印刷物のこと。
3) 「隔月刊」とは、2か月に一度発行される刊行物のこと。
4) 「奥付」とは、その刊行物が初版からどのくらい刷られているかを書いた欄のこと。
5) 「乱丁」とは、本のページの順序が間違ってとじられていること。

問題5　各部門の管理資料【記述】

次の事柄と関連ある企業の部門はどこか。一つ記入しなさい。

1) 財務諸表
　　（　　　　　）部門
2) 採用、配属
　　（　　　　　）部門
3) 株主総会、取締役会
　　（　　　　　）部門

4 資料管理　各種資料の管理

解答と解説

[問題1] **2）×**　名刺整理箱では取り出した名刺はガイドのすぐ後ろに入れる。こうしておくと**よく使う名刺は前のほうにくる**ので使わない名刺は後ろの位置になり、年に一度整理の際、目安となる。
1）○　名刺整理箱は取り出し、差し替え、追加がスムーズである。
3）○　名刺は、仕事用と個人用に分けて整理する。
4）○　名刺はかなりの枚数になるので、見出しやガイドを使うと探しやすい。
5）○　名刺整理簿のキーワードは「一覧性」である。

[問題2] **5）×**　年度別にある総合カタログであれば、その年内しか役に立たないので、古いものを保存しておく意味はあまりない。
1）○　自社カタログは古いものでも保管し、他社カタログとは区別する。
2）○　厚さがあるものをハンギング・フォルダーなどに入れると、かえって重さがあり、整理しにくいので、立てて整理をする。
3）○　薄いものはハンギング・フォルダーが適している。
4）○　製品別などの区別があったほうがカタログ整理はわかりやすい。

[問題3] **4）○**　**新聞は翌日以降、雑誌は次号発行後**が切り抜く際の最大の注意点である。
1）×　文書は「1文書1用件」なので切り抜くとかえって内容がわからなくなる。そのままファイルする。
2）×　一般的に、保存する場合は合本（半年か1年分）してまとめておく。
3）×　応接室や上司の部屋には最新号を置く。
5）×　テーマが同じであれば1枚に複数でもよいが、台紙は基本的にＡ4に統一しておく。

[問題4] **4）×**　「奥付」には初版発行年月日と第○刷発行と記載はされているが、その部分だけを奥付と呼ぶのではなく、「発行所」「発行者」「著者・編者」などが載っている部分全体を指す。
1）○　「創刊」とはこの通りの意味である。
2）○　「リーフレット」は「1枚刷り」がキーワード。
3）○　隔月なので2か月ごとである。
5）○　「乱丁」とはこの通りの意味で「落丁」はページが抜け落ちていること。

> 1）の「創刊」はワンランクUPの用語！

[問題5] **1）経理部門　　2）人事部門　　3）総務部門**
1）経理部門はこのほかに「予算・決算関係書類」「出入金関係書類」など、会計に関するものを扱う。
2）採用、配属など、人材に関することや人材教育や福利厚生は人事部門が扱う。
3）株主と取締役会関連はほとんどが総務部門で扱われている。

5 日程管理・オフィス管理

日程管理・環境整備

POINT!
主に日程管理について出題される。記述問題で室内レイアウトが出題されることもある。

日常の日程管理

□表示方法	簡潔で見やすく。よく使う項目は記号を用いるとよい。 [例] 会議＝□・来訪＝○・訪問＝◎・出張＝△ ＊配付する際は「○年○月○日現在」と欄外に作成日を記入する。 ＊確定していない予定は「(仮)」と表示しておく。
□年間予定	株主総会、入社式、創立記念日、定例役員会などを記入。
□月間予定	主要年間行事のほか出張、会議、会合、訪問などを記入。 ＊月間予定表は前月末に、週間予定表は前週末に、日々予定表は前日の終業時に上司に見せて確認する。 ＊月間予定表は社内関係者に配付するが、詳細は記入しない。
□上司の 　私的な予定	上司の私的な予定は予定表に書かず、自分の手帳などに記入する。 ＊メモはしても、上司に確認したりしない（秘書の管理対象ではない）。
□保持	予定表は確認後、上司と秘書が１部ずつ持つ。

予定変更と調整

□予定の変更 　（手順）	予定の変更があったら上司にその旨を告げ、上司と自分（秘書用）の予定表を訂正する。訂正する場合は、変更前の予定がわかるように二本線で訂正する。

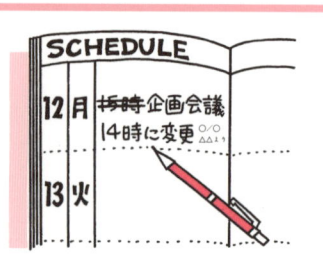

5 日程管理・オフィス管理　日程管理・環境整備

□ 先方都合に よる調整	先方からの変更申し入れは、上司と相談の上、了承を得てから先方の申し入れを受ける。上司離席・出張時の対応も同じ。
□ 当方都合に よる調整	予定の変更でスケジュールが重なった場合は、上司の指示に従って調整する。変更をお願いした相手先には、事情を説明し、おわびをして改めて面会日時を決める。
□ 関係者への 連絡	必要関係者に変更になったことを連絡する。

出張の日程管理

□ 事前準備
- 出張日程を組む ➡ 作成後、上司に確認
- 交通機関の選定 ➡ 社内規定に従う
- 宿泊手配 ➡ 社内規定に従い、上司にふさわしい場所を選ぶ
- 旅程表 ➡ 上司と関係者に渡す
- 旅費 ➡ 経理部門から仮払いを受ける
- 所持品の準備 ➡ 名刺・資料・封筒など

□ 出張中の仕事
- 留守中の経過がわかるメモを作成する。
- 郵便物を保管する。
- 普段やり残している仕事をする（名刺の整理・ファイリングなど）。

□ 出張後の仕事
- 留守中の報告をする。
- 旅費を精算する。
- 出張報告の作成を手伝う。
- 必要によって礼状を出す。

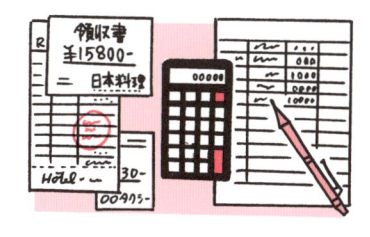

環境整備

☐ 照明	直接照明よりも「間接照明」が望ましい。	(参考) JIS（日本工業規格）での照度基準 事務所　1500～300ルクス 役員室　750～300ルクス 会議室　750～300ルクス 応接室　500～200ルクス
☐ 防音	ドアチェック（ドアを強制的に閉める金具）、厚手のカーテン・吸音材などで防音対策をする。	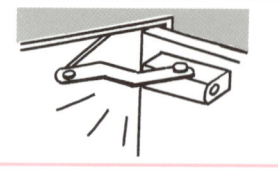
☐ 色彩	応接室はやわらかい色（クリーム色など）。会議室は鎮静作用のある色（緑色・茶色など）が適している。	
☐ 空調	春秋＝22～23℃、夏＝25～28℃、冬＝18～20℃が適正温度。湿度は年間を通して50～60％にする。	
☐ レイアウト	【上司】 ● 机は入口から見えない配置にする。 ● 外光が左もしくは背から入る机の配置にする。 ● 応接セットは上司が下座へ座りやすい位置へ。 ● 上司と秘書の机は向かい合わせにならないこと（同室の場合）。	

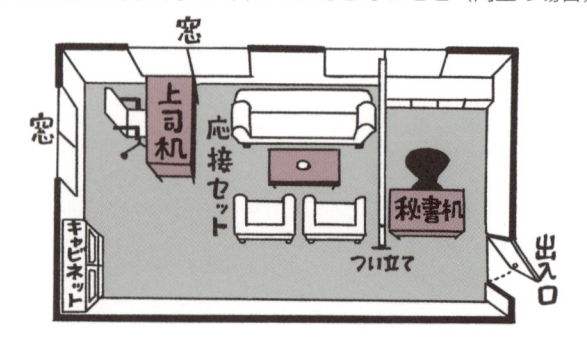

5 日程管理・オフィス管理　日程管理・環境整備

| 基本型のこのレイアウトを覚えること！ | 【秘書】
●来客が秘書の机の前を通り、上司のところへ行ける配置にする。
●入口ドアの近くにする（人の出入りがわかるように）。
●応接セットの来客と視線が直接合わないようにする。 |

出入口

□ 掃除	●置物…羽ばたきを使う。 ●油絵…羽ばたき・筆（洗剤ではふかない）を使う。 ●応接セット…からぶき、ブラシで汚れをこする。 　　　　　　クロスやカバーは週1回洗濯する。 ●観葉植物…ふきんを水でぬらし、固くしぼってふく。
□ オフィス機器	●**OHP（オーバーヘッドプロジェクター）** 透明フィルムに書かれたものを、スクリーンに映し出す装置。 ●**スキャナー** 文書や画像を読み取る装置。パソコンを接続させ画像を取り込み文書作成などに利用。 ●**プロジェクター** パソコンを接続させて、図や文字をスクリーンに映し出す装置（OHPのようにフィルムがいらない）。

93

実戦問題

問題1　日常の日程管理

次は秘書A子が、予定表の作成や管理について行っていることである。中から適当と思われるものを選びなさい。

1) 会議は長引くことが多いので、いつも次の予定を入れるときは間を十分に取っている。
2) 月間予定表には、出張、会議や会合、訪問などを記入するが、年間予定は記入しない。
3) 株主総会や定例役員会など年間を通じて日程が決まっているものは、年間予定表で管理している。
4) 週間予定表には、最新の決定事項のみを記入し、月間予定や年間予定は記入しない。
5) 予定表は秘書の判断で関係者に配付し、自分と上司が1部ずつ持つ。

問題2　予定変更と調整

秘書A子は上司（取締役）から「明日午前中に臨時役員会が開かれることになった。明日10時からのY社佐藤部長の来社は午後なら何時でもよいので変更してほしい」と言われた。次は、このことについてA子が行ったことである。中から不適当と思われるものを選びなさい。

1) Y社の佐藤部長に、明日10時の約束を午後に変更してもらえないかと電話した。
2) Y社の佐藤部長の秘書に「役員会が急に開かれることになった」と伝え、約束の変更をお願いする。
3) 佐藤部長に連絡をしたら、午後3時ならよいとの返事だったので、その時刻に待っていると伝え、おわびした。
4) 明日の予定表を二本線で消して、午後3時と記入しなおし、上司の予定表も同じように変更した。
5) 上司に3時に変更になったことを伝え、予定表も変更しておいたが、ほかに連絡をするところはあるか聞いた。

問題3　環境整備

次は、オフィス環境について述べたものである。中から不適当と思われるものを選びなさい。

1) 空調は夏25～28℃、冬18～20℃で、湿度は季節によって高くしたり低くしたり調整をしている。
2) 上司の部屋は防音のため、ドアチェックをつけている。
3) 上司のデスクは入口から直接見えない配置にしている。
4) オフィスの机や機器の配置は動線に合わせている。
5) 上司と秘書の机は、同室の場合、向かい合わせにならないように配置している。

問題4　環境整備【記述】

上司と秘書が同室の場合、下記の5つの配置はどのようにするのがよいか、レイアウトを記入しなさい。

1) 上司の机といす
2) 上司用のキャビネット
3) 応接セット
4) 秘書の机といす
5) ついたて

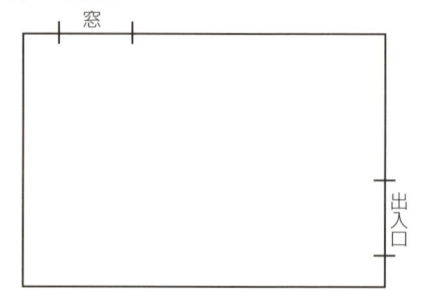

解答と解説

[問題1] **3) ○** これ以外に年間予定としては、入社式や創立記念日などがある。
1) × たしかにそうだが、終了時刻も決まっている。いつも間をあけていては上司の時間が無駄になりスムーズに動けない。
2) × 年間予定の出張、会議や訪問なども記入し社内関係者に配付するが、日程くらいで詳細は記入しない。
4) × 月間予定も年間予定も記入する。
5) × もれがないか一度上司に見せてから、月間予定表のみを詳細は記入せず、関係者に配付する。そして秘書と上司で1部ずつ持つ。

(合否の分かれ目)

[問題2] **2) ×** こちら側の変更なのだから、丁寧におわびし、午後の約束を取りつけなくてはいけない。社内の理由(特に役員会であるのならばなおさら)を他社の人に伝える必要はない。
1) ○ まず、すぐに電話連絡をする必要がある。
3) ○ 上司は午後なら何時でもよいとの指示なので、このように秘書として判断しておわびする。
4) ○ 必ず自分と上司の両方の予定表を変更する。二本線で訂正するのがポイント。
5) ○ 臨時役員会にしろ、Y社佐藤部長の来社にしろ、関係者のいる場合もあるので、このように上司に**ひと声かけるのがよい**。

[問題3] **1) ×** 室温は夏、冬ともにこの温度が適切であるが、**湿度は年間を通じて50～60%が望ましい**。
2) ○ ドアチェックをつけるだけで開閉の音がずいぶん緩和される。
3) ○ 「直接見えないこと」が重要。
4) ○ 部屋のレイアウトは動線を考慮する。
5) ○ 上司と秘書の机の位置がポイント。

[問題4] 模範記述は右の通り。
注意点は、
(上司)
＊机は入口から直接見えないようにする。
＊上司と秘書の机は向かい合わせにならない配置にする。
＊応接セットにすぐ移動できる配置にする。
(秘書)
＊来客が秘書の机の前を通るようにする。
＊入口近くに机を配置する。
＊応接セットの来客と視線が合わないようにする。

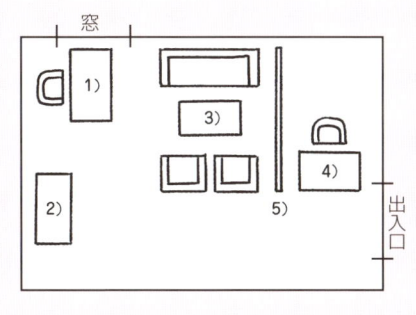

COLUMN

自分管理術 2

自分自身の所要時間を把握していますか？

「秘書検定2級に合格するには、何時間ぐらい勉強すればよいのですか」という質問をよく受けます。私は「あくまでも標準的な勉強時間ですが」と断ってから、「合格ラインに達するには24時間以上の勉強時間は必要ですね」と答えています。

そして必ずつけ加えて、「24時間以上勉強することよりも大切なことは、勉強にかける時間のかけ方は、人によって"差が大きい"ということを自覚することです」と言っています。

テキスト1ページを読み、その内容を理解する時間は人により異なります。同じように、問題を解く時間も差があります。さらに言えば、答え合わせをし、解説を読み、正しい知識を身につけるとなると、その所要時間は人によって大きく異なってくるのです。つまり勉強するにも

> 「自分は〇〇にどれぐらい時間がかかるのか」

ということを、ある程度正確に把握することが必要になってきます。

ただ黙々と24時間以上勉強すれば合格するというわけではなく、自分自身の勉強の所要時間を把握した上で24時間以上勉強すれば、多くの方が合格ラインに達するでしょう。

あなたは、テキストを読み、理解するのにどれくらいの時間がかかりますか？ 問題を解き、解説を理解するのにはどれくらいの時間がかかりますか？ そして、すぐに理解できる分野はどの分野ですか？ 逆に、何度か振り返らないと理解できない分野はどの分野ですか？

まずは、自分自身の「それぞれの勉強の所要時間をしっかり把握すること」から始めてみてください。

PART 3
マナー・接遇

暗記学習中心

[実技] 実試験で**12問**出題（35問中）
　　　→マークシート10問、記述式2問

ビジネス上の冠婚葬祭や話し方・聞き方、敬語に関する内容です。一般に広く通用する知識が問われる出題なので、学生の方はとにかく暗記しましょう。

[合否の分かれ目]「解答と解説」にあるこのマークは、間違えやすい選択肢。注意しましょう。

1 人間関係と話し方・聞き方

秘書と人間関係

POINT!

上司や秘書同士の望ましい人間関係のコツを押さえること。

人間関係に関する各理論

□ テイラーの科学的管理法	●工場労働者の1日あたりの仕事量と標準時間を設定し管理した。 ●仕事の出来具合と内容に応じて賃金を支払うシステムにした。 ●このような科学的管理法により生産性のアップにつながった。
□ メイヨーらによる経営の人間関係論	●生産性は労働者の感情、職場の人間関係に左右されるとした。 ●賃金や休暇などの労働条件よりも、人間関係が生産性に与える影響が大きいとした。
□ マズローの欲求5段階説とマクレガーのX理論、Y理論	●アメリカの心理学者マズローは、人間には5段階の欲求があるとした。（下図参照） ●マズローに影響を受け、X理論（人間はもともと仕事は嫌いだが、生活のために働いている）とY理論（人間は自ら目的をもち、自立して仕事に励むものである）をマクレガーが発表。（下図参照）

〈欲求5段階説とX理論、Y理論〉

説明	段階	理論
自分の可能性を伸ばしたい	自己実現の欲求	Y理論 精神的欲求充足
他人から認められたい 自分を大切にしたい	自我の欲求	
集団へ属したい	社会的欲求	
危険から身を守る	安全の欲求	X理論 経済的・物質的欲求充足
生命維持の 睡眠・食事	生理的欲求	

望ましい人間関係のあり方

☐ 新任上司との人間関係	● 前任上司と比較しない。 ● 新任上司の仕事内容、進め方、性格などを早く理解する。
☐ 2人の上司との人間関係	● 両者に平等に公平に接する。 ● 両者それぞれの仕事の仕方に合わせる。 ● 両者の人物評やうわさ話はしない。
☐ 秘書同士の人間関係	● それぞれの仕事に立ち入ることはしない。 ● 秘書同士協力し合い、できる限り仕事を手伝える間柄でいる。 ● 自分の仕事を秘書同士だからといって押しつけたりしない。
☐ 注意すべき言動 （よりよい人間関係のために）	● 他人に責任のあるような言い方をしない。 　NG「部長はご存じかと思いまして」 ● 目上の人に指示するような言い方をしない。 　NG「～されるのが一番よろしいかと思います」 ● だれに対しても、どんな場合であっても、自分のミスの言い訳をしない。 　NG「急な用件さえ入らなければできたのですが」

実戦問題

問題1　人間関係に関する理論

次は秘書A子が、知っておいたほうがよいと思われる職場の人間関係に関する理論である。中から人物名と内容の組み合わせで不適当と思われるものを選びなさい。

1) マズロー　＝　集団へ所属したいという「社会的欲求」
2) マクレガー　＝　Ｘ理論とＹ理論
3) テイラー　＝　人間関係重視の経営管理
4) メイヨー　＝　職場の人間関係と生産性の関係
5) マズロー　＝　他人から認められたいという「自我の欲求」

問題2　望ましい人間関係のあり方

次は秘書A子が、新人秘書に職場の人間関係のあり方について教えたことである。中から適当と思われるものを選びなさい。

1) 新しい上司につくときには、その上司の仕事の内容や進め方、性格などを早く理解するよう努める。
2) 新しい上司についたら、まず前任の上司のやり方についてひと通り説明する。
3) 二人の上司につく場合は、平等に同じやり方で接するのがよい。
4) 二人の上司につく場合は両者が理解し合えるように、人物評などを伝えるようにしている。
5) 秘書同士はそれぞれの仕事にあまり立ち入らずに、仕事を手伝うことはなるべく控える。

問題3　望ましい人間関係のあり方

秘書A子は上司から、急ぎで仕上げてほしいという仕事の依頼を受けた。現在進めている仕事があと少しで終わるので、それを先に仕上げていると、なぜ急いで取りかかってくれないのかと注意を受けた。このような場合、A子は上司に謝ったあと、どのように言うのがよいか。次の中から適当と思われるものを選びなさい。

1) 「今、進めている仕事があと少しで終わるので、それからでもよいと思いました」
2) 「今、すぐに取りかかります。仕上がりましたらすぐにお持ちいたします」
3) 「今、取りかかろうと思っていました。すぐに仕上げればよろしいのですね」
4) 「急ぐのはわかりますが、こちらの都合もありますので困ります」
5) 「今進めている仕事より、こちらが優先ということでよろしいのですね」

問題4　望ましい人間関係のあり方

次は秘書A子が、他部署の部長から「書類が届いていないのだが」という問い合わせについて答えたことである。中から適当と思われるものを選びなさい。

1) 「仕事が立て込んでおりまして忘れていました。申し訳ございませんでした」
2) 「たしかにお渡ししたかと思いますが、部長の勘違いではございませんか」
3) 「それでは、申し訳ございませんが、だれかこちらに取りに来ていただけますか」
4) 「申し訳ございませんでした。すぐにお届けいたします」
5) 「急用がありまして、お届けできませんでしたので、すぐに伺います」

解答と解説

[問題1] **3)** ✕　テイラーは「科学的管理法」という手法を用いて職場の管理を行ったため「人間関係重視ではない」とのちに批判されることとなった。

1) ○　マズローの欲求5段階説の「社会的欲求」が職場の人間関係の重要性を示している。
2) ○　マズローの欲求5段階説に影響されてX理論、Y理論を発表した。
4) ○　生産性は職場の人間関係に影響されるという説である。
5) ○　1) と同様「自我の欲求」も職場の人間関係の重要性を示している。

[問題2] **1)** ○　この通りであり、新任上司のよりよい補佐が早くできるようになることが必要である。

2) ✕　新任上司に対して、前任上司のことを持ち出したら不愉快に思われるだけである。
3) ✕　平等に接することは大切だが、同じやり方ではなく、それぞれに合わせたやり方が適切である。（合否の分かれ目）
4) ✕　人物評やうわさはつつしむこと。
5) ✕　それぞれの仕事に立ち入ることはしないが、時間があれば仕事を手伝うことも必要である。

[問題3] **2)** ○　上司はすぐに取りかかってほしいと言っているのだから、このようにすぐに取りかかるという返事が適切である。

1) ✕　すぐに取りかからなかった言い訳になっているので不適切。
3) ✕　今やろうと思っていたという言い訳になっているので不適切。
4) ✕　上司に対して、このように自分の都合を優先するような言い方は不適切。
5) ✕　あたかも自分には責任はなく上司に念を押すような言い方になっているので不適切。

[問題4] **4)** ○　このように、すぐに対応するのが望ましい。どちらのミスかさぐり合っている時間があるのなら他部署へすぐ届けたほうがよい。

1) ✕　「仕事が立て込んでいた」という言い訳をしているので不適切。謝ってすぐに対応しなければならない。（合否の分かれ目）
2) ✕　役職が上の部長に対して、本人の勘違いではないかという言い方は人間関係をわきまえていない。
3) ✕　2) と同様、取りに来てほしいという言い方は人間関係をわきまえていない。
5) ✕　「急用があった」というのは、自分の都合でありそれを部長に言うことは不適切。言い訳にしか聞こえない。

1 人間関係と話し方・聞き方
話し方・聞き方の基本

POINT!
人間関係を良好に保つ話し方・聞き方の「心構え」が問われる。

話し方

☐ 感じのよい話し方4ポイント

1 相手の反応を見ながら話す。

> 相手がちゃんと理解しているか、相手の反応に注意しながら話すこと！

2 具体的に話す（5W2H）。
　　When　いつ　　　　How　どのように
　　Where　どこで　　　How much　いくらで
　　Who　だれが
　　Why　なぜ
　　What　何を

3 「イエス・バット方式」で話す。
たとえ賛成でなくても、「そうですね」といったん相手の話を受け入れ、それから「～のような考え方もありますが、どう思われますか」という話し方をする。

Yes, But～

4 状況に合わせて話す。
- 相手との人間関係（初対面か親しいか）
- 相手の理解度（知識があるか、ないか）
- 相手の状況、心理状態（タイミングがよいかどうか）

知識のあるorなし
初対面or親しい人
タイミングはいい？
いつ どこで だれが なぜ 何を どのように いくらで

聞き方

上手な聞き方6ポイント

1. 話の腰を折らないように、質問などは最後にする。
2. うなずきや相づちを打ちながら聞く。
3. 先入観をもたないで聞く。
4. 表情や態度から、話し手の真意をつかむように聞く。
5. 話に集中している態度で、積極的に聞く。
6. 話の要点を押さえながら聞く。必要であれば要約やメモをしながら聞く。

相づち効果

- 相づちには、話を促す効果がある。
- 相づちを打つときは、表情が大切。

[例]
- 【同意】 ➡ 「そうそう」「たしかに」など
- 【同情】 ➡ 「残念ですね」「つらいでしょうね」など
- 【ほめる】 ➡ 「それはすごいですね」「さすがですね」など
- 【促す】 ➡ 「それで」「それから」など
- 【転換】 ➡ 「ところで」「それはそうと」など

実戦問題

問題1 話し方・聞き方

次は秘書A子が、日頃話をしたり聞いたりするときに心がけていることである。中から不適当と思われるものを選びなさい。

1) いつもきちんとした話し方をし、先輩や後輩との雑談でも丁寧な言葉遣いをしている。
2) 相手の話を聞くときは最後まで聞き、質問などは最後にするようにしている。
3) 相手の話は、先入観をもたないで集中して聞き、必要であればメモを取っている。
4) 相手の話を聞くときは、相手が話しやすいように、なるべく相づちを打つようにしている。
5) 自分が話をするときは、相手の状況に合わせ、いつでも感じよく話すようにしている。

問題2 感じのよい話し方

秘書A子は、新人秘書B子から「感じのよい話し方のできる秘書になるにはどうしたらよいか」と聞かれた。そこでA子がB子にアドバイスしたことである。次の中から不適当と思われるものを選びなさい。

1) 笑顔を基本に、おだやかな表情で話すように心がけてみてはどうか。
2) 相手が理解していない様子のときは、言い方を変えたり、難しい言葉を避けてみてはどうか。
3) 相手が無理な要求をしてきたときは、視線をはずし聞き役に回ってみてはどうか。
4) 相手の反応を見ながら、興味がなさそうな場合は話題を変えてみてはどうか。
5) 基本的にてきぱきとした明るい声で話し、どのような相手であっても肯定的な話し方をしてはどうか。

問題3 上手な聞き方

次は秘書A子が、人から話を聞くときの聞き方として心がけていることである。中から不適当と思われるものを選びなさい。

1) 話を聞いているかどうかは、態度に表れるので、聞く姿勢や態度にも気を配るよう心がけている。
2) 聞いているということが相手に伝わりやすいように、相づちを打ちながら聞くように心がけている。
3) わからない点があった場合は、なるべく相手の話が終わってから尋ねるようにしている。
4) うなずきや相づちは相手の集中力を欠くので、あまり打たないように心がけている。
5) 複雑な話のときは、初めからメモを取りながら聞くように心がけている。

問題4 上手な聞き方

次は秘書A子が、相手の話を聞くときに打つ相づちについて心がけていることである。中から不適当と思われるものを選びなさい。

1) 話は相づちを打ちながら聞くが、話の区切りなどにタイミングよく打つようにしている。
2) 相づちは、相手が話を先に進めやすいように「それから」というような打ち方をしている。
3) 相づちを打つときは、言葉だけではなく表情も相づちに合わせている。
4) 相づちをあまり早く打ちすぎたり、同じ相づちを何回もくり返すことは避けるようにしている。
5) 相手の話が本筋からそれたときは、相づちを打たないで、表情で示すようにしている。

1 人間関係と話し方・聞き方　話し方・聞き方の基本

解答と解説

[問題1] **1）×**　雑談なのだから、場に合わせてくだけた話し方でよい。ここまで丁寧できちんとした話し方をする必要はない。
2）○　「最後まで聞く」「質問は最後」がポイント。
3）○　先入観をもたないで集中して聞くことが大切である。
4）○　相づちは話を促す効果がある。
5）○　相手との人間関係やタイミング、話の理解度といった状況に合わせることが大切。いつも感じのよい話し方が基本である。

[問題2] **3）×**　視線をはずす場面もあるだろうが、話の要所要所ではきちんと視線を合わせる必要がある。いくら聞き役に回っても、これでは感じのよい話し方ができる秘書にはならない。
1）○　笑顔とおだやかな表情が話し方の基本である。
2）○　相手の反応を見て、理解していないと思われるときは、相手に合わせた話し方が必要になってくる。
4）○　2）と同様に、興味がないという反応であれば、話題を変えるなどしなければならない。
【合否の分かれ目】5）○　語尾が「〜できません」という否定的な話し方ではなく「〜いたしかねます」という肯定的な話し方が望ましい。

[問題3] **4）×**　うなずきや相づちは「あなたの話を聞いている」というサインである。相手が話しやすくなり、雰囲気作りにも役立つので、必要なことである。
1）○　聞く側の姿勢や態度も大切である。
2）○　タイミングよく相づちを打ちながら聞くこと。
【合否の分かれ目】3）○　そのつど尋ねるのではなく、質問があれば聞き手として最後に尋ねること。逆に上司への報告の際は特に必要がないと思っても、報告後何か不明な点がないか尋ねるようにする。
5）○　複雑な内容であれば、メモを取りながら聞く必要がある。

[問題4] **5）×**　表情で示しても相手には伝わらないであろう。むしろ「そうなんですね」と相づちを打ってから「ところで」などと言い、話を本題へ戻す話し方が望ましい。
1）○　話の区切りなどにタイミングよく打つのがポイント。
2）○　「それから」という相づちには話を促す効果がある。
3）○　相づちは打つだけではなく、表情も大切である。
4）○　「はい」の相づちを、「はい」「はい」と早く連呼するのはあまり感じがよくないので避けたほうがよい。

1 人間関係と話し方・聞き方

話し方・聞き方の応用

POINT!

「注意・忠告の仕方」は後輩にするという問われ方が多い。「注意・忠告の受け方」は上司から受けるという問われ方が多い。

● 報告の仕方

☐ 要領のよい報告の仕方 5ポイント

1. まずは自分が報告内容をしっかり把握する。
2. 過去形で話す(「~でした」「~ました」)。
3. 結論先出しで話す。
   結論 ➡ 理由 ➡ 経過(経過は順序立ててわかりやすく説明)
4. 事実と推論(自分なりの見通し)を区別して話す。
5. 例を示すなどして具体的に話す(「新幹線と同じスピードだそうです」などと例を示す)。

● 説明の仕方

☐ 複雑で長い内容の説明の仕方 4ポイント

1. 予告する。
   - 概略(アウトライン)……初めに概略を述べる。
   - 主要点(ポイント)……主要点から話す。
   - 説明数(ナンバー)……複数の説明がある場合は件数を予告する。

2. 順序よく説明する。
   - 時間経過の順に話す。
   - 知っていることから知らないことの順(既知→未知)で話す。
   - 重要なことを先に話す。
   - 因果関係(原因と結果)をふまえた順で話す。

3. 具体的に説明する。
   グラフ、図表、写真などを使う。数値などは具体的に示す。

4. 要点を最後にくり返す。
   説明を終えたら、最後にもう一度要点をくり返す。

1 人間関係と話し方・聞き方　話し方・聞き方の応用

説得の仕方

□ 上手な説得の仕方7ポイント

1 不安を取り除く。

●能力的不安 求められている要求が高すぎる。	→	成功例を示す。
●物理的不安 仕事が増える、時間がない。	→	能率性を示す。
●心理的不安 失敗したくない、初めてでわからない。	→	共通心理であることを示す。
●経済的不安 予算がない、損をする。	→	具体的な数字を示す。

2 タイミングを計る。
タイミングをとらえ、じっくり説得する機会を作る。

3 説得をくり返す。
一度であきらめずにくり返し説得してみる。

4 代理の人に頼む。
説得をほかの人に頼むときは、人選（親しい間柄など）がポイントになる。

5 条件をゆるめる。
「できる範囲でよいので」など、依頼の条件をゆるめてみる。

6 条件を提示する。
「次回はこちらが引き受ける」など、こちら側もある程度の条件を示す。

7 条件を提示してもらう。
どんな条件だったら引き受けてくれるのか、条件を提示してもらう。

注意・忠告の仕方

注意・忠告 する前の 心がけ 4ポイント	1 事実関係をよく調べる。 2 原因をつかむ。 3 効果を予測する。 4 タイミングをつかむ（時と場所を考える）。

（効果を予測する／タイミングはよいか…／事実関係をよく調べる／原因をつかむ）

注意・忠告 する際の 心がけ 7ポイント	1 1対1で話す。 2 人前では話さない。 3 根拠を示す。 4 人と比較しない。 5 よい点をほめながら話す。 6 感情的にならず冷静に。 7 相手を追いつめない。

上司や先輩への忠告は「提案」という形が望ましい

注意・忠告 後の心がけ 4ポイント	1 いつもと態度を変えない（こだわらない）。 2 声かけをする。 3 忠告したことが改められているか効果を見守る。 4 改められていないときは、タイミングよくくり返す。

注意・忠告の受け方

注意・忠告を 受ける心構え 5ポイント	1 だれから言われたかではなく、「何を言われたか」が問題である。 2 責任を回避しない。 3 感情的にならない（忠告された内容だけを受け止める）。 4 忠告されたからには、自分に何らかの問題があることを自覚する。 5 言動全般を振り返ってみる。

1 人間関係と話し方・聞き方　話し方・聞き方の応用

注意・忠告の受け方 4ポイント

1 **素直にわびる。**
　[例]「すみませんでした」「申し訳ございませんでした」
2 **相手（上司）の勘違いでも反論しない。** あとからおだやかに事情を説明する。
3 期待されているからこその忠告であると受け止める。
4 謙虚な態度で忠告を受ける。

（イラスト：上司が注意する様子と「申し訳ございませんでした」と答える女性）

苦情対応

上手な苦情の受け方 5ポイント

1 辛抱強く**最後まで聞く。**
2 苦情から逃げず、1つひとつに丁寧に適切に対応する。
3 弁明や説明は、苦情がひと通りすんだところでおだやかに行う。
4 担当者でなくてはわからないときは、相手の了承を得て責任をもって担当者に引き継ぐこと。
5 潜在的苦情（言っても無駄と思い、申し立てないので表面に出てこない苦情）もあることを心得ておくこと。

> 相手が冷静になるのを待ってから話し出すこと！

断り方

上手な断り方 5ポイント

1 おわびの気持ちを先に述べる。
2 **はっきり「ノー」だとわかる返事**をする。
　×「考えておきます」「検討してみます」「何とかしてみましょう」
　○「申し訳ありませんが、いたしかねます」
　○「残念ですが、お引き受けいたしかねます」
　○「ご期待に沿えず、申し訳ございません」
3 納得しやすいように理由や根拠を示す。
4 代案を示す。
5 相手の話は最後まで聞く。

> 「〜しかねます」という肯定型で話す！

109

実戦問題

問題1 報告の仕方

秘書A子は、上司から「報告の仕方を要領よくしてほしい」と言われた。次はこのような場合、A子が心がけたことである。中から不適当と思われるものを選びなさい。

1) 結論から先に報告し、そのあと理由・経過を話すようにした。
2) 報告することがいくつもあるときは、新しいものを先に報告するようにした。
3) 報告は基本的に口頭で行うが、上司が忙しいときなどは、メモや要約文書で渡し、あとから説明しやすいようにした。
4) 報告するときは必ず、上司の都合を確かめ、所要時間を伝えてから報告を始めるようにした。
5) 報告は簡潔でかつ具体的に話す必要があるので、自分でも内容を十分に理解してから報告した。

問題2 説明の仕方

次は秘書A子が、長い報告（説明）をわかりやすく行うためにしていることである。中から不適当と思われるものを選びなさい。

1) 相手がよく理解していない部分から始め、少しずつ相手の理解している部分へと話を進めている。
2) まずは概略を述べ、次に主要点などを述べるように説明する順番を考えている。
3) 複数の説明がある場合は、件数を予告してから説明している。
4) 複雑なデータなどはグラフや図表などにしてわかりやすく説明している。
5) 因果関係をふまえた説明では、原因と結果をはっきりさせて話している。

問題3 説得の仕方

次は、説得の仕方について述べたものである。中から不適当と思われるものを選びなさい。

1) 相手が求められている要求が高すぎると感じているときは、成功例などを示して説得するようにしている。
2) 一度で説得しようと思わず、チャンスを積極的に作り、かつ、根気よくくり返し働きかけてみる。
3) 信頼関係が築けている同僚などの相手を説得するときは、その関係にわざと距離をおいてみるのも一つの方法である。
4) 自分で説得できそうにもないときは、第三者など別の人の力を借りることも必要である。
5) 相手の仕事が増え、時間的に無理であるというときは、効率や能率性を示して説得している。

問題4 注意・忠告の仕方

新人秘書B子は仕事のミスが多い。そこで秘書A子が、注意をする場合の対応である。次の中から不適当と思われるものを選びなさい。

1) ミスが多いということは、ほかの人にも迷惑がかかることとミスの自覚をもたせるようにしている。
2) ミスをしたらその場で注意をし、A子のみならず先輩の秘書からも注意してもらうようにする。
3) ほかの先輩がどのようなやり方をしているのかを見て、取り入れるようにしてはどうかと言う。
4) 実際に仕事のやり方の手本を見せ「こうすればミスが少なくなる」と言う。
5) B子の前向きな性格をほめながらも、ミスについては事実を示し、きちんと注意する。

解答と解説

[問題1] **2）×** 報告は急ぐもの、重要なものから先に行うのが基本なので、新しい古いは関係ない。

1）○ 結論先出しにすると要領よく報告できる。
3）○ 忙しい上司に合わせた報告の仕方として適切である。
4）○ 「○○の件で報告したいことがあるのですが、ただ今、5分ほど**お時間よろしいでしょうか**」などと言って、必ず上司の都合を確かめること。
5）○ まず自分が理解していることが前提である。

[問題2] **1）×** 相手が理解しやすいように、知っていること（既知）から知らないこと（未知）へと話を進めていくのが適切である。

2）○ まずは全体像を示し、それから主要点をいくつか述べるのが一般的である。
3）○ まずこれから説明することがいくつあるのか知らせると相手も安心である。
4）○ 複雑なデータは、グラフや図表にする工夫が必要である。
5）○ 原因と結果をふまえて説明するとわかりやすい。

[問題3] **3）×** どのような場合であっても、相手との信頼関係があってこそ説得は成り立つものである。わざわざ距離をおく必要はない。

1）○ 能力的不安のある場合は成功例を示すのがよい。
2）○ 説得は「タイミング」「積極的に機会を作る」「根気よく」がポイントである。
4）○ 必ずしも自分の力だけで説得しようと思わないことである。
5）○ 物理的不安には、効率性と能率性を示すのがよい。

[問題4] **2）×** その場で注意し、本人にすぐ改善させることはよい。しかし先輩秘書にまで二度も注意されれば、新人であるＢ子は自信を失いかねないので不適切である。

1）○ まず本人にミスの自覚をもたせることが大切である。
3）○ 先輩を見習うように言えば、Ｂ子を追いつめず注意ができる。
4）○ 手本を見せれば、すぐに改善され、注意の効果もある。
5）○ Ｂ子のよい点をほめながら、注意をすることが大切である。

実戦問題

問題5　注意・忠告の仕方

次は秘書A子が、後輩への忠告の仕方として先輩から教えられたことである。次の中から不適当と思われるものを選びなさい。

1) 忠告は早めにするのがよいが、タイミングをとらえてすることのほうが重要である。
2) 忠告や注意は後輩の悪い点を直すためのものだから、よい例の人のことを出すと伝わりやすい。
3) 忠告や注意をするときは、原因をよく調べ、なぜそうするのか理由を話すようにしている。
4) 人から聞いたことを忠告するときは、必ず事実を確かめてから話すようにしている。
5) 忠告するときは一方的にするのではなく、相手の言い分も聞くようにする。

問題6　注意・忠告の受け方

次は秘書A子が、上司から注意を受ける際に気をつけていることである。中から不適当と思われるものを選びなさい。

1) 忠告は素直に受け入れ、そのあとの仕事にいかすようにしている。
2) 期待されているからこその忠告と受け止め、反論はしないようにしている。
3) 忠告を受けているときは途中で口をはさまず、最後まで聞くようにしている。
4) 忠告を受けたことが納得できないときは、同僚などに意見を求めるようにしている。
5) 誤解による忠告であっても、その場では素直にわび、あとから折を見て、誤解を解くようにしている。

問題7　断り方

秘書A子の上司（山田部長）が外出中、上司の同級生が寄付の依頼をしに不意に訪れた。以前同じことがあったとき、上司からは今後は断るようにと言われている。このような場合、A子は上司が外出中と答えたあと、どのように言うのがよいか。次の中から不適当と思われるものを選びなさい。

1)「せっかくお越しいただきましたが、山田からの意向としましては、お断りするとのことでございます」
2)「以前も申し上げたことと存じますが、山田からはお断りするようにと申しつかっております」
3)「お見えになったことはお伝えしますが、寄付については以前申し上げました通り、お断りいたします」
4)「寄付の件でございましたら、前にも申し上げました通り、ご期待には沿いかねると存じます」
5)「お力になれるかどうかわかりませんが、せっかくお越しいただきましたので、ご意向は山田に申し伝えます」

問題8　苦情の対応

次は秘書A子が、社外から苦情の電話を受けたときに、対応していることである。中から不適当と思われるものを選びなさい。

1) 担当者でなければくわしいことがわからないときは、相手の同意を得た上で担当者にかわっている。
2) 電話だからこそ相手の話に相づちを入れながら真剣に聞くようにしている。
3) こちらの言い分を話すときは相手の納得を得ながら話している。
4) 相手の勘違いであっても、すぐにそれを言わないで最後まで聞くようにしている。
5) 相手が感情的になっているときこそ、論理的に説明して納得してもらっている。

解答と解説

[問題5] **2）×** 忠告や注意はたしかに悪い点を直すためのものだが、その際には、後輩が素直に受け入れられるような配慮が必要である。ほかの人と比較すると感情的な反発を招きかねない。
1）○ 時と場所を考え、タイミングを計ることが大切である。
3）○ まずこのように原因をつかみ「〜な理由で忠告・注意する」と伝えることが大切である。
4）○ 事実関係をつかんで忠告するのが基本である。
5）○ 一方的にならないことが大切である。

[問題6] **4）×** 納得できないとしても、それを同僚に話し、意見を求めてもあまり意味がないので不適切である。
1）○ 忠告されたら、まずは素直にわびることが大切である。
2）○ その場で反論するのは秘書としてふさわしくない。
3）○ 忠告を受けているときは最後まで聞くことが大切である。

（合否の分かれ目）
5）○ 誤解による忠告のときは、このようにまずわびてから、折を見て誤解を解くほうが賢明である。

[問題7] **5）×** 断るようにと上司から指示されているのだから、その意向を相手にきちんと伝えないといけない。「お力になれるかどうかわかりませんが」という言い方は相手に期待をもたせる言い方になり不適切である。
1）○「断る」という言葉を使って、はっきり上司の意向を伝えている。
2）○「断る」という言葉を使い、はっきりと上司から申しつかっていると言っている。
3）○ お見えになったことは伝えると気遣いつつ、「断る」という言葉を使いはっきり伝えている。
4）○「ご期待には沿いかねる」とはっきり断り、「沿えない」という否定的な言い方ではなく「沿いかねる」という肯定的な言い方をしているので、適切である。

[問題8] **5）×** 論理的に説明して納得してもらえるのは、相手が冷静になってからである。感情が落ち着いてから対応するしかない。
1）○ 受けたのは自分なのだからしっかり苦情を聞き、その上で担当にかわるときには、相手に同意を得てからがよい。
2）○ 電話であれば相づちを打ち、対面であれば相づちやうなずきを入れながら聞く。
3）○ 相手の納得を得ながら話すと、苦情のやりとりが結果的に短くてすむ。
4）○ 苦情こそ相手の話を最後まで聞くことが必要がある。

2 敬語と接遇用語

敬語の知識

POINT!
択一問題だけでなく記述問題でも問われる。尊敬語と謙譲語を取り違えないことが何よりも重要！

敬語の種類

□ 尊敬語	相手の動作や状態に敬意を表すもの。自分や身内には使わない。
□ 謙譲語（けんじょう）	自分や関係者（家族、同じ会社の人）をへりくだることによって間接的に相手を高めるもの。
□ 丁寧語	相手に対する話し方全体を丁寧にし、敬意を表すもの。

もとの言葉 ➡	丁寧な言い方	改まった言い方
ある ➡	「あります」	「ございます」
する ➡	「します」	「いたします」
そうだ ➡	「そうです」	「さようでございます」

□ 美化語	普通の言葉に「お」「ご」をつけて柔らかくする表現。動物や自然現象、外来語や外国語にはつけない。 ×今日は風が<u>お強い</u>ですから ➡ ○強いですから ×ワンちゃんが<u>大きくなられた</u> ➡ ○大きくなった

おコーヒーとは言わない！

尊敬語と謙譲語の作り方

尊敬語 ＊相手に対して使う	付加式	お客様が「書く」 ➡ お客様が「書かれる」 　　　　　「お書きになる」	「書く」というもとの言葉に「れる・られる」「お〜になる」という補助用語を添える。
	交換式	お客様が「言う」 ➡ お客様が「おっしゃる」	「言う」というもとの言葉を**まったく別の言葉に言い換える。**
謙譲語 ＊「自分や家族、同じ会社の人」に対して使う	付加式	私が「読む」 ➡ 私が「お読みいたします」 　　　　「読ませていただきます」	「読む」というもとの言葉に「お〜する（いたす）」「〜いただく」という補助用語を添える。
	交換式	私が用件を「聞く」 ➡ 私が用件を「伺います」 　　　　　　「承ります」	「聞く」というもとの言葉を**まったく別の言葉に言い換える。**

2 敬語と接遇用語　敬語の知識

もとの言葉	尊敬語（お客様が）	謙譲語（私が）
□行く	「お客様が受付にいらっしゃる」	「私が受付に伺います」 「私が受付に参ります」
□聞く	「～説明をお聞きになりましたか」 「～聞かれましたか」	「～説明を伺います」 「～説明を拝聴しました」
□見る	「～説明書をご覧になりましたか」 「～をお目通しになる」	「～説明書を拝見しました」
□食べる	「～お昼は召し上がりましたか」	「～お昼をいただきました」
□言う	「～担当者におっしゃっていただけますか」	「～担当者に申しておきます」
□する	「～電話をなさいますか」	「～電話をいたします」
□来る	「～受付においでになる」 「～受付にいらっしゃる」 「～受付に来られる」	「～受付に伺います」 「～受付に参ります」
□いる	「～応接室にいらっしゃいます」	「～応接室におります」
□訪ねる	「～当社にいらっしゃる」 「～当社においでになる」	「～そちらに伺います」 「～おじゃまします」
□借りる	「～本をお借りになる」	「～本をお借りする」 「～本を拝借する」

二重敬語（間違えやすい敬語）

□ 二重尊敬語
　×社長が本を「お読みになられていらっしゃる」
　　＊「お～なる」と「れる・られる」が二重になっている
　○社長が本を「お読みになっている」
　　　　　　　「読んでいらっしゃる」

　×お客様が「おいでになられる」
　○お客様が「おいでになる」

実戦問題

問題1　尊敬語
次の中から社内における敬語の使い方として適当と思われるものを選びなさい。
1) 社長は出かけたそうです。
2) 社長は出かけられたそうです。
3) 社長はお出かけされたそうです。
4) 社長はお出かけなされたそうです。
5) 社長はお出かけにおなりになったそうです。

問題2　尊敬語・謙譲語
次の中から、敬語の使い方として適当と思われるものを選びなさい。
1) お客様に
　「お名前を申してくださいませ」
2) お客様に
　「部長はすぐいらっしゃいます」
3) 上司に
　「ぜひ参加しませんか」
4) 取引先に
　「佐藤はただ今席をはずしております」
5) 上司に
　「お客様がおいでになられました」

問題3　尊敬語・謙譲語
次は秘書A子の上司に対する言葉遣いである。中から適当と思われるものを選びなさい。
1)「ゴルフコンペで賞をいただかれたそうで、おめでとうございます」
2)「会社をお出になられたあとすぐに、お約束の方が見えました」
3)「お疲れ様でございました。お茶を入れて参りましょうか」
4)「お客様がまたお伺いしたいと申されておりました」
5)「新しく開設なされた支店はいかがでしたでしょうか」

問題4　尊敬語【記述】
次の言葉の下線部を来客に対する言葉遣いに直して（　）内に答えなさい。
1) お連れの方はこちらに<u>いる</u>
　　　　　　　　　（　　　　　　）
2) あなたの<u>言う通りだ</u>
　　　　　　　　　（　　　　　　）
3) 説明書を<u>見たか</u>
　　　　　　　　　（　　　　　　）

問題5　敬語の種類【記述】
次の言葉のa、bの下線部分を上司に言う丁寧な言葉に直して（　）内に答えなさい。
1) <u>そんな</u>　お話を取引先からも　<u>聞いた</u>。
　　a　　　　　　　　　　　　　b
　a（　　　　　）　　b（　　　　　）
2) <u>そっちの</u>　書類を　<u>見て</u>いただけますか。
　　a　　　　　　b
　a（　　　　　）　b（　　　　　）

問題6　敬語の種類【記述】
次の下線部の言葉をそれぞれふさわしい敬語に直し（　）内に二つずつ答えなさい。
1) お客様が担当者に<u>聞いた</u>
　　　（　　　　）（　　　　）
2) 私が応接室に<u>行く</u>
　　　（　　　　）（　　　　）

解答と解説

[問題1] **2)** ○ 社長のことを社内の人に話すのだから尊敬語になる「れる・られる」をつけて「出かけられる」か、「お～になる」で「お出かけになる」のどちらかが適切ということになる。
1)× この言い方では丁寧さに欠け尊敬語になっていない。
3)×「お～になる」ではなく、「お～される」になっているので不適切。
4)×「お～になる」ではなく、「お～なさる」になっているので不適切。
5)×「お～になる」だけでなくさらに、「お～になる」を重ねているので不適切。

[問題2] **4)** ○ 社外の取引先の人に社内の佐藤さんのことを言うときには呼び捨てにするのが正しい（→p.118「接遇用語」参照）。
1)×「申して（謙譲語）」→「おっしゃって（尊敬語）」が正しい。
2)×「いらっしゃる（尊敬語）」→「参ります（謙譲語）」が正しい。
3)×「しませんか（丁寧さに欠ける）」→「なさいませんか（尊敬語）」が正しい。
5)×「おいでになられる（「お～になる」と「れる、られる」の二重敬語）」→「おいでになる」「いらっしゃる」のどちらかが正しい。

[問題3] **3)** ○ 「ご苦労様でした」は目下の者に言う言葉なので上司には「お疲れ様でした」を使う。自分のすることなので「参ります」という謙譲語が適切。
1)×「いただかれた（謙譲語）」→「お取りになった（尊敬語）」が適切。
2)×「お出になられた（「お～になる」と「れる、られる」の二重敬語）」→「お出になった」が適切。
4)×「申されて（謙譲語）」→「おっしゃって（尊敬語）」が適切。
5)×「開設なされた（尊敬語）」→「開設された（自分の会社のことなので敬語で言う必要はない）」

[問題4]
1) いらっしゃる［いらっしゃいます］
2) おっしゃる通りです［おっしゃる通りでございます］
3) ご覧になりましたか［お目通しになりましたか］

1)～3)はお客様に対する言葉遣いなので尊敬語になる。

[問題5]
1) a：そのような
   b：伺いました［承りました、お聞きしました、拝聴しました］
2) a：そちらの
   b：ご覧［ご覧になって］
1) a：丁寧語にする。
   b：自分のことを言っているので謙譲語にする。
2) a：丁寧語にする。
   b：相手に対して言っているので尊敬語にする。

[問題6] 1) お聞きになりました、聞かれました
2) 伺います、参ります
1)「お客様」が主語なので尊敬語である。
2)「私」が主語になっているので謙譲語である。

② 敬語と接遇用語

接遇用語

POINT!
接遇用語は「社長が/同行/して/もらいたい/そうです」と区切って直す練習をすると記述対策になる。

🔴 社外の人に社内の人のことを言う

☐「さん」を
つけない場合

[例] ×専務さんは、まもなくお見えになります。
→ ○専務の△△はまもなく**参り**ます。＊「参る」は「来る」の謙譲語。
[例] ×部長さんは今席におられません。
→ ○部長の△△は**ただ今席をはずしております**。

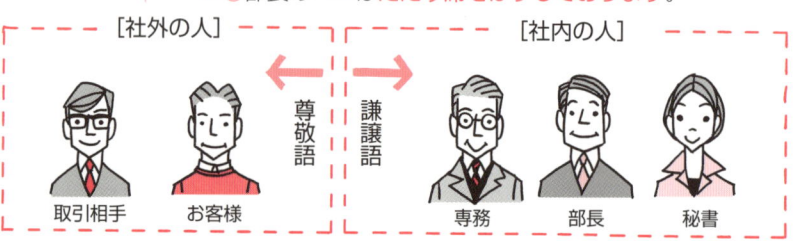

［社外の人］ ←尊敬語 謙譲語→ ［社内の人］
取引相手　お客様　　　　　　　　　　専務　部長　秘書

☐「さん」を
つける場合

● 上司宅に電話をする場合
[例] ○専務**さん、いらっしゃい**ますでしょうか。
● 上司の奥様からの電話の場合
[例] ○専務**さん**は**ただ今外出なさって**おります。

> 家族からの問い合わせの場合は、尊敬語を使う！

🔴 社内の人に社内の人のことを言う

☐ 上位者(部長)
に下位者(課長)
のことを言う

● 尊敬語は原則として使わないが、下位者（課長など）にあたる人が秘書にとって目上にあたるので、低めの尊敬語を使う。
[例] × 課長はもうお出かけになりました。
→ ○ 課長はもう**出かけられ**ました。
[例] × 課長はもう外出なさっております。
→ ○ 課長はもう**外出されました**。

> 「出かけました」「外出しました」では、部長に対して丁寧さに欠ける

☐ 上位者(部長)
にさらに
上位者(社長)
のことを言う

● 尊敬語を使う。
[例] × 社長が同行してもらいたいそうです。
→ ○ 社長が**ご同行をお願いしたい**とのことです。
[例] × 社長が時間を取ってほしいそうです。
→ ○ 社長が**お時間を取っていただきたい**、とのことです。

よく出題される接遇用語

用　　語	接　遇　用　語
□わたし	わたくし・わたくしども
□だれ	どちら様・どなた様
□だれですか	どちら様でいらっしゃいますか
□どこ	どちら
□何のことですか	どのようなことでしょうか
□ちょっと	少々
□そんなこと	そのようなこと
□5分ぐらい	5分ほど
□勤務先はどこですか	どちらにお勤めでいらっしゃいますか
□ないです	ございません
□残念だが	あいにくですが
□悪いのですが	ご面倒ですが・お手数ですが・恐れ入りますが
□いいです	結構です
□せっかく来てくれたのに	せっかく[わざわざ]おいでくださいましたのに せっかくお運びくださいましたのに せっかくお越しいただきましたのに
□その通りです	ごもっともでございます
□わかりました	かしこまりました・承知いたしました
□何とかしてください	ご配慮願えませんでしょうか
□今、見てきます	ただ今、見て参ります
□もう一度来てください	今一度ご足労願えませんでしょうか
□だれを呼べばいいですか	だれをお呼びしましょうか だれをお呼びいたしましょうか
□今、席にいません	ただ今、席をはずしております
□どうでしょうか	いかがでしょうか
□私のほうで何か聞いていますか	私のほうで何か承っておりますでしょうか
□言っておきます	申し伝えておきます
□こちらから行きます	こちらから伺います こちらから参ります
□ちょっと声が聞こえないのですが	少々お電話が遠いようですが
□また電話してもらえないか	後ほどお電話をいただけませんでしょうか

実戦問題

問題1　接遇用語

次は、加藤部長秘書A子の来客に対する言葉遣いである。中から不適当と思われるものを選びなさい。

1) こちらの書類にご記入願えませんか。
2) こちらから伺いたいと加藤が申しておりました。
3) コートはこちらでお預かりいたしましょうか。
4) いすにおかけになられてお待ちください。
5) 紹介状をお預かりいたします。

問題2　接遇用語

次は秘書A子の、上司（部長）に対する言葉遣いである。中から適当と思われるものを選びなさい。

1) だれに返却するかを尋ねるとき
「こちらの資料はどなたに返せばよろしいでしょうか」
2) 昼はいつ頃にするか尋ねるとき
「何時にお昼をお召し上がりになられますか」
3) 専務が出社しているかどうか尋ねられたとき
「専務はすでにご出社なされております」
4) 書類を持っていくかと尋ねるとき
「書類をご持参なさいますか」
5) 家族からの伝言を伝えるとき
「ご家族の方がお電話をいただきたいとおっしゃっていました」

問題3　接遇用語【記述】

次の言葉の下線部分を来客に言う丁寧な言葉に直し（　）内に答えなさい。

1)「さっきまで　　席にいたのだがどうするか」
　a（　　　）b（　　　）
　c（　　　）
2)「あとで　　時間を見て連絡する」
　a（　　　）b（　　　）
　c（　　　）

問題4　接遇用語【記述】

次の場合の言葉を、丁寧な言い方で（　）内に答えなさい。

1) うちの会社では寄付はできません
　　　　（　　　　　　　　）
2) 部長がA社に一緒に行ってほしいそうです（　　　　　　　　）
3) この書類を明日までに必ず提出してください（　　　　　　　　）

問題5　接遇用語【記述】

次の言葉を丁寧な言い方で（　）内に答えなさい。

1) だれを呼べばいいですか
　（　　　　　　　　）
2) 私のほうで何か聞いていたか
　（　　　　　　　　）
3) 失礼だが勤め先はどこか
　（　　　　　　　　）

解答と解説

[問題1] **4)** × 「お〜になる」と「れる・られる」の二重尊敬語になっている。「おかけになって」が適切。
 1) ○ 来客に「こちら・ご記入・願えませんか」と丁寧な言葉を使っている。
 2) ○ 自分の上司のことを社外の人に言うのだから、謙譲語の「伺い・申して」が適切。
 3) ○ 来客に対して「こちらで・お預かり」と丁寧な言葉を使っている。
 5) ○ 紹介状を持ってきたのだから見るのは部長なので、秘書は「お預かりいたします」と言うのが望ましい。

[問題2] **5)** ○ 部長の家族なので「いただきたい・おっしゃって」という尊敬語を使うのが適切。
 1) ×「返せば」→「お返しすれば」と丁寧に言うのが適切。
 2) ×「お召し上がりになられ」(「お〜になる」と「れる・られる」の二重尊敬語)
  →「召し上がりますか」が適切。
 3) ×「ご出社なされて」(「ご〜になる」と「れる・られる」の二重尊敬語)
  →「ご出社になっております・出社されております・ご出社でございます」が適切。
 4) ×「ご持参(謙譲語)」→「お持ちに(尊敬語)」が適切。

[問題3] 1) a:先ほどまで　　b:席におりましたが
　　　 c:いかがいたしましょうか[いかがいたしますか]
 2) a:後ほど　　b:改めまして[改めて・折を見まして・折を見て]
　　　 c:(ご)連絡いたします
 1) a「さっきまで」、b「いたのですが」、c「どうしましょうか」では不適切。
 2) a「あとから」、b「時間を見まして」、c「連絡します」では不適切。

[問題4] 1) わたくし[私]ども(の会社)では寄付はいたしかねます
 2) 部長がA社にご同行願いたい[いただきたい]そうです[とのことです]
 3) こちらの書類を明日までにご提出いただけますか
 1)「できません」(否定形)→「いたしかねます」(肯定形)が適切。
 2)「一緒に行ってほしい」→「ご同行願いたい[いただきたい]」、「そうです」
  →正式には「とのことでございます」。
 3)「してください」(命令形)→「いただけますか」(提案・依頼形)にする。

[問題5] 1) だれをお呼びいたしましょうか[だれを呼んで参りましょうか]
 2) わたくし[私]のほうで何か承っておりましたでしょうか[聞いておりましたでしょうか]
 3) 失礼ですが、どちらにお勤めでいらっしゃいますか

3 電話・接遇

電話応対の実際

POINT!
電話応対のさまざまなケースのポイントを簡潔に押さえること！

□相手の声が聞き取りにくい	**NG**「もう少し大きい声でお願いします」 **OK**「お電話が遠いようでございます」
□相手に待ってもらう	**NG** 保留にしないで受話器を通話中のままにしておく。 **OK** 1 どんな場合も必ず保留にする。 　　2 理由を述べ、待ってもらうお願いをする。 　　「ただ今、確認をいたしますので、少しお待ちくださいませ」
□長く待たせてしまう	**NG** 保留中のまま、何もしないで2、3分待たせる。 **OK** 1 途中でひと声かける。 　　「お待たせいたしております。ただ今確認にもう少々時間がかかるようです。恐れ入りますが、今しばらくお待ちいただいてもよろしいでしょうか」 　　2 相手の意向を尋ねる。 　　「長くかかりそうなので、こちらから折り返しにいたしましょうか。それとも、このままお待ち願えますでしょうか」
□間違い電話	**NG**「番号が違いますね」 **OK** 1 たとえ間違い電話でも、感じよく（企業イメージアップ）。 　　2 こちらの電話番号を伝えると親切。 　　「お間違いではございませんか。こちらは○○番です」
□伝言を受ける	**NG**「はい、わかりました。伝えておきます」 **OK** 1 必ずメモを取る。 　　2 そのメモの内容を復唱（確認）する。 　　「○月○日の会議の件で時間の変更でございますね」 　　3 伝言者に責任をもって伝えることを言う」 　　「はい、○○にたしかに申し伝えます」 　　4 自分の名を名乗る。 　　「私、同じ課の○○が承りました」
□伝言をお願いする	**NG** 伝言したい内容をすぐに切り出す。 **OK** 1 だれに伝言を頼みたいのかを初めに伝える。 　　「○○様へ伝言をお願いいたします」 　　2 自分の名をもう一度名乗り、用件を伝える。 　　「私□□会社の○○と申します」 　　「明日の会議の資料の件でお電話いたしました」

3 電話・接遇　電話応対の実際

		3 内容を簡潔に述べる。 「資料Aは必ず当日お持ちくださいという確認でございます」 NG「間違いがないか復唱していただけますか」と催促する。 「伝言したいことがたくさんあるのでメモしてください」と催促する。
□電話の 取り次ぎ <上司在席>		＊在席中で「取り次がない指示」の場合はp.160の「職務上の心得」を参照。 **STEP1** 相手の名前・会社名を確認 　　　「□□会社の○○様でいらっしゃいますね」 **STEP2** 日常の挨拶 　　　「いつもお世話になっております」 **STEP3** 用件、もしくは取り次ぐ上司を確認 　　　「〜の件でございますね」 　　　「○○（上司名）でございますね」 **STEP4** 取り次ぐ。 　　　「ただ今、かわりますので少々お待ちください」 **STEP5** 上司に電話の相手を告げる。 　　　「□□会社の○○様からお電話でございます」 　　　「△△会社の○○様から〜の件でお電話でございます」
□上司からあと で電話すると 言われた		「申し訳ございません。○○（上司名）はただ今手が離せないようでございまして、後ほど改めてお電話を差し上げると申しておりますが、よろしいでしょうか」
□上司がほか の電話に 出ている		「申し訳ございません。○○（上司名）はただ今ほかの電話に出ておりますが、いかがいたしましょうか」 ・「待つ」という返事 ➡ 上司にメモを入れる（相手の名前、会社名、用件など） ・「またかける」という返事 ➡ 電話があったことを上司に必ず知らせる ・「伝言をお願いしたい」という返事➡ p.122「伝言を受ける」の通りの対応
□電話の 取り次ぎ <上司不在>		＊〈上司在席〉のSTEP1〜STEP3までは同様の対応。 **STEP4** 不在を伝える。＋（対応しやすいよう先に用件を伺う） 　　　「あいにく○○（上司名）は外出しております」 　　　「よろしければ、ご用件をお伺いできますでしょうか」 **STEP5** 尋ねられたら帰社時刻を伝える。 　　　「○時頃戻る予定でございますが、いかがいたしましょうか」 　　　＊帰社時間は先に伝えると親切だが、上司の日程管理上あまりオープンにしない場合もある。 **STEP6** 相手の意向に沿い対応。 　　　「またかける」「伝言をお願いしたい」という対応は上記の 　　　「上司がほかの電話に出ている」場合と同じ対応。 　　　NG ・上司の外出先を教える。 　　　　　・上司の携帯番号を教える。 　　　OK ・上司の行き先や携帯番号は教えない。 　　　　　・先方の連絡先を聞き、「こちらから連絡をします」と言う。

実戦問題

問題1　電話応対

次は秘書A子が、電話応対のときに心がけていることである。中から不適当と思われるものを選びなさい。

1) 伝言をお願いされたので、初めに「会社名とお名前をもう一度お聞かせ願いますか」と言っている。
2) 相手の電話が聞き取りにくいときは「恐れ入りますが、お電話が遠いようでございます」と言っている。
3) 相手に待ってもらうときはどんなに短い間でも「少々お待ちくださいませ」と言ってから保留にしている。
4) 間違い電話の場合は「何番へおかけでしょうか。こちらは○○です」とこちらの番号を伝えている。
5) 伝言をお願いするときは「○○様へご伝言をお願いいたします」と言ってから用件と内容を話している。

問題2　電話応対

秘書A子が、取引先の担当者へ電話をしたところ相手は不在であった。次は、そのときA子が「電話があったことを伝えておいてほしい」と頼んだ言い方である。中から適当と思われるものを選びなさい。

1) 「お電話があったと、申し伝えてください」
2) 「お電話を差し上げたこと、言っておいてください」
3) 「電話がありましたことだけ、お伝えいただけませんでしょうか」
4) 「電話がございましたこと、お伝えくださいませ」
5) 「電話がありましたこと、お伝えされていただけませんでしょうか」

問題3　電話での接遇用語【記述】

次の電話の場合の言葉を、丁寧な言い方で（　）内に答えなさい。

1) 上司（佐藤部長）に電話がかかってきたが、上司はほかの電話が長引いている場合
（　　　　　　　　　　　　　　）
2) A社に商談で行っている上司（佐藤部長）を電話口まで呼び出してほしい場合（日頃の挨拶はすんだものとする）
（　　　　　　　　　　　　　　）
3) かかってきた電話を担当者にかわるという場合
（　　　　　　　　　　　　　　）

問題4　電話での接遇用語【記述】

次は秘書大野A子の電話応対の流れである。「　」欄に適切な言葉を記入しなさい。

1) 社名と部署名を名乗る
「はい、C会社　営業部でございます」
2) 日頃の挨拶をする
「　　　　　　　　　　　　」
3) 上司（佐藤）不在を告げ、帰社時間を伝える
「ただ今佐藤は外出しておりまして、4時頃戻る予定でございます。いかがいたしましょうか」
4) 相手から伝言をお願いされたときの返事
「　　　　　　　　　　　　」
5) 伝言を聞いたことを伝え、名乗る
「　　　　　　　　　　　　」

解答と解説

[問題1] 1) × 相手は電話をかけたときに一度、会社名と自分の名前を名乗っているので、こちらがメモするか覚えていなくてはならない。伝言を依頼されて冒頭にこのように尋ねるのは不適切。

合否の分かれ目 2) ○ 「お電話が遠いようでございます。」という言い方を覚えること。

3) ○ 必ず保留にして待ってもらうこと。
4) ○ こちらの番号を伝えると親切、相手も間違いに気づく。
5) ○ 初めにだれに伝言したいのかを伝えること。

[問題2] 3) ○ このような言い方が一般的である。この場合電話には「お」をつけても、つけなくともよい。「ありましたこと」と丁寧にし、「〜いただく」と謙譲語を使っているので適切な言い方になっている。
1) ×「申し伝える」とは相手側が言う言葉で、自分が言う言葉ではない。
2) ×「差し上げたこと」は丁寧に「差し上げましたこと」が適切。
4) × 自分が電話をしたことに対して「ございましたこと」という表現は行きすぎている。
5) ×「されて」は不要。「お〜になる」という尊敬語にするのなら「お伝えになって」が適切。

[問題3] 1) （大変）申し訳ございません。佐藤はただ今ほかの電話に出ておりまして、長くかかりそう［長引きそう］でございます。
2) わたくしどもの佐藤がそちらに伺っていると思うのですが、電話口までお願いできませんでしょうか。
3) 申し訳ございませんが、担当の者［わかる者・くわしい者］にかわりますので、今しばらく［少々］お待ちいただけません［ます］でしょうか。
1) おわびの言葉が必要「（大変）申し訳ございません・恐れ入ります」など。「佐藤」と必ず呼び捨てにすること。それぞれ「今」→「ただ今」、「ほかの電話が」→「ほかの電話に出ておりまして」、「長引いている」→「長くかかりそうでございます・長引きそうでございます」のようにする。
2) 「わたくしども」という言い方と「佐藤」と呼び捨てにすることに注意。「呼び出してほしい」→「お願いできません［できます］でしょうか」が適切。
3) 「（大変）申し訳ございませんが・恐れ入りますが」などの、おわびの言葉が必要。「担当者」→「担当の者・わかる者・くわしい者」が適切。

[問題4] 2) 「いつもお世話になっております」
4) 「はい、かしこまりました。どうぞ」「はい、承ります。どうぞ」
「はい、お願いいたします」「はい、どうぞ」など
5) 「たしかに承りました［たしかに承知いたしました。たしかに佐藤に申し伝えます］。わたくし［私］（秘書の）大野と申します」など

3 電話・接遇

接遇の実際

POINT!

接遇応対のさまざまなケースのポイントを簡潔に押さえること！

🔴 来客応対

☐ 転任・就任・新年の挨拶、予約なしの場合	1 短時間なので、アポイントメント（予約）がなくても極力会うようにする。 2 来客中でも上司にその旨を伝える。 3 上司不在ならば代理の者でよいか尋ねる。
☐ 寄付や広告依頼、予約なしの場合	● 担当部門があればそちらに回す。 ● 上司の存否を言わないで待ってもらい、上司の指示通り対応する。 ● 度重なる寄付・広告依頼には、対処法を事前に上司と話し合っておく。
☐ 上司が約束の時間に遅れる場合	● 30分以内の遅れ ➡ 極力待ってもらうようお願いする。 ● 30分以上の遅れ ➡ 1 まずおわびする。 　　　　　　　　　➡ 2 相手の意向に沿うように対応。 　　　　　　　　　➡ 3 代理の者でもよいとのことであればすぐ手配。 ● 上司が社内にいる場合 ➡ 1 来客を応接室に通し待ってもらう。 　　　　　　　　　　　➡ 2 会議中や来客中の上司にメモを入れる。
☐ 上司不在中の来客の場合	1 上司の不在を告げる。 2 相手の意向を尋ねる。 　➡ 代理の者でもよいとのことであればすぐ手配。 　➡ 再来訪であれば希望日を二、三聞いておき、上司とスケジュール調整後連絡をする。 　➡ 伝言があれば預かり、上司に伝える。
☐ 上司が多忙中の来客の場合	1 用件とおおよその面談時間を尋ねる。 2 あらかじめ上司の多忙を伝え、取り次ぐと判断したものは取り次ぐ。 「あいにく○○はただ今立て込んでおりまして、都合を聞いて参ります」

	3 上司の指示通りに対応する。 待ってもらって会う場合 ➡ 応接室へ通し、お茶を出し、雑誌をすすめる。 会えない場合 ➡ 上司不在中の来客の場合**2**と同様の対応。
☐ 紹介状持参 の場合	**1** 連絡が入っている場合は「お待ちしておりました」と言って、上司に取り次ぐ。紹介状の中を見ないで、そのまま上司に渡す。 **2** 連絡がない場合は、相手に待ってもらい上司の意向を尋ねる。 **3** 上司不在の場合は丁寧にわび、後日連絡にするか、代理の者でもよいか意向を尋ねる。
☐ 紹介の仲立ち をする場合	●地位 ➡ 地位の低い人を上位の人へ先に紹介する。 ●年齢 ➡ 年齢の若い人を年上の人へ先に紹介する。 ●人数 ➡ 1人を大勢に紹介する場合は、その人を先に紹介してから、各人をその人に紹介する。 ●その他 ➡ 地位、年齢が同じ場合は、自分と親しい人を先に紹介する。紹介してもらいたいと望む人を先に紹介する。

席次のマナー

☐ 応接室の 席次	奥のソファーが上座。入口に近い手前のいすが下座と覚える。
☐ 車の席次	ドライバーがいる場合（乗用車やタクシー）とお客様自身や取引先の人が自ら運転する場合（オーナードライバー）では席次が異なる。

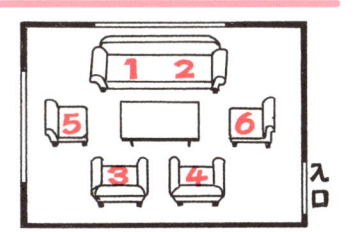

●乗用車やタクシー

●オーナードライバー

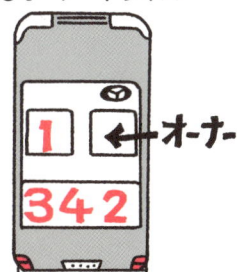

| □ 列車の席次 | 進行方向や窓側、通路側により席次が決まる。 |

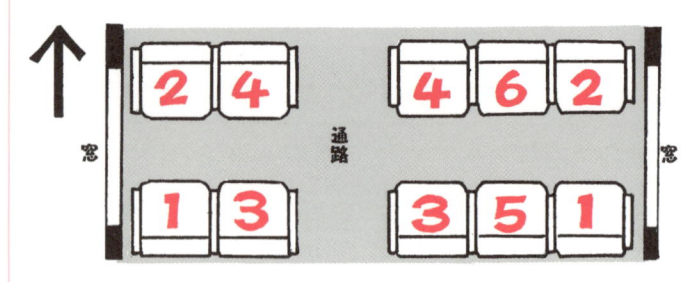

茶菓のマナー

□ 入室	ノックして入室し、「いらっしゃいませ」と会釈(えしゃく)する。
□ お茶を出す	● 来客から先に、席次順(上座から)に配る。 ● 全員(来客も社内の者も)同じ器で出す。 ● 名刺交換や挨拶が落ち着いてから出す。 ●「どうぞ」や「失礼いたします」などひと言添えて出す。
□ お菓子を出す	来客から見て、左側にお菓子、右側にお茶を置く。お菓子を先に出してから、お茶を出す。
□ 出すスペースがない場合	書類が広げてあるときは、じゃまにならない場所に置くか、ひと声かけてから置く。

3 電話・接遇　接遇の実際

☐ 退室	「失礼いたしました」と一礼してから退室する。

見送りのマナー

☐ 自席で見送る	自分の席から立ち、「失礼いたします」と一礼。部屋を出るまで立って見送る。
☐ 応接室の外までの見送り	挨拶を述べ、丁寧にお辞儀をしてしばらく後ろ姿を見送る。
☐ エレベーターまでの見送り	来客がエレベーターに乗る際に挨拶を述べ、ドアが閉まるまでお辞儀をする。
☐ 玄関・車までの見送り	挨拶を述べ、車が動き出したらお辞儀をし、車が社内の敷地を出るまで見送る（上司が挨拶しているときは秘書は後方に下がって控えている）。

実戦問題

問題1 転任の挨拶

次は、部長秘書A子の転任の挨拶にきた来客への対応の仕方を述べたものである。中から適当と思われるものを選びなさい。

1) 部長が来客中だったので、代理の者でよいか尋ねるようにしている。
2) 部長は来客中だったが、メモを入れ転任の挨拶がスムーズにできるようにした。
3) 部長が来客中だったので手の空いている先輩に対応をお願いした。
4) 部長が席をはずしていたので、新任地などを尋ねるなどして、部長が帰ってくるまで待った。
5) 部長が席をはずしていたので、自分がかわりに挨拶をし、申し伝えておくと言い、帰ってもらった。

問題2 紹介状持参

次は、上司のところへ紹介状を持参した来客への対応である。中から不適当と思われるものを選びなさい。

1) 紹介状を持参した客が来たとき上司が不在の場合は、丁寧におわびし、後日こちらから連絡するようにしている。
2) 紹介状を持参した客が来たとき上司が不在の場合は、丁寧におわびし、代理の者でもよいか尋ねている。
3) 紹介状を預かり、「失礼いたします」と言って中身を確認してから上司に手渡している。
4) 紹介状持参の来客について連絡が入っている場合は、「お待ちいたしておりました」と言って上司に取り次いでいる。
5) 紹介状持参の来客予定の連絡が来ていない場合は、相手に待ってもらい上司に意向を尋ねている。

問題3 来客応対

次は秘書A子が、来客応対で行っていることである。中から不適当と思われるものを選びなさい。

1) 上司が不在中に訪れた客には、上司の不在を告げ、また来訪するのであれば、希望日を二、三聞いている。
2) 上司が忙しいとわかっているときに訪れた客には、用件を尋ね急用と判断した場合は取り次ぐようにしている。
3) 上司が忙しいとわかっているときの来客には「ただ今〇〇は立て込んでおりますので」という言い方をしている。
4) 上司が来客との約束に20分ほど遅れるとの連絡があった場合は、いったん帰っていただき、別の日で日程を調整する。
5) 上司が来客との約束に30分以上遅れるとの連絡があった場合は、来客の意向に沿って対応するようにしている。

問題4 来客応対

次は秘書A子が、来客応対で行っていることである。中から不適当と思われるものを選びなさい。

1) 上司の行き先がわからないときは「上司をさがしてくるので少し待っていてほしい」と言い、あとの対応を同僚に頼んだ。
2) 上司の知人が寄付の依頼に訪れたので、少し待ってもらい、上司の意向を尋ねて対応した。
3) 上司の帰社が遅れ、相手が待てない場合は、来客の意向を尋ね、それに沿って対応する。
4) 上司の帰社が少し遅れた場合は、おわびした上で極力待ってもらうようにお願いする。
5) 上司の帰社が遅れ、相手が待てない場合は代理の者と会ってもらうことを検討する。

解答と解説

[問題1] **2）○** 転任に限らず、就任、新年の挨拶などは短時間ですむので、極力会えるようにするのが秘書の仕事である。よってメモを入れ上司に知らせるのが適切である。
1）× 代理の者でよいかどうか尋ねるのは、上司が不在のときである。来客中ならば2）のようにメモを入れるのが適切である。
3）× 部長が来客中であり、たとえ代理の者でもよいと言われたとしてもだれでもよいわけではない。適任者としては先輩よりも部長の部下の課長などの役職の人になる。
4）× 相手は転任の挨拶を忙しい中、回っているのである。待たせるのであれば、代理の者など別の対応を考える必要がある。
5）× 秘書が対応するのは「上司になりかわった対応」にあたりふさわしくない。

[問題2] **3）×** 紹介状は封をしていないのが一般的だが、中身を見てはいけない。封書のまま渡すこと。
1）○ 紹介状を持参していても予約なしに来訪することがあるので、丁寧におわびし、後日連絡をする。
2）○ 1) の通り、こちらから連絡するか代理の者で対応するかしかないだろう。
4）○ 連絡が入っているのだから、このようにスムーズに取り次ぐようにする。
5）○ 連絡が来ていない場合は、いくら紹介状持参であっても上司に確認を取る必要がある。

[問題3] **4）×** 上司が30分以内の遅れであれば、極力会ってもらえるよう待ってもらうようお願いするのが適切。
1）○ このように二、三希望日を聞き、上司と相談し日程を決め相手に連絡する。
2）○ 上司が多忙中は極力急な来訪は入れないが、緊急性、重要性が高いと判断した場合は「少々お待ちください」とだけ言い取り次ぐ。
3）○ 上司が多忙中の来客を断るときはこのような言い方をする。
5）○ この通りであり、もし代理人でもよいということであればすぐに手配する。

[問題4] **1）×** このような場合は、来客を応接室へ通し、少し待ってもらい、社内をさがすのが適切。「上司をさがしてくる」と来客に言ってはいけない。また、来客の対応を同僚に頼むのではなく、自分が受けたお客様は責任をもって自分が対応しなければならない。
2）○ 寄付や広告の依頼に対してはこのように対応する。
3）○ 相手が待てない場合は、相手の意向に合わせるのが一番よい。
4）○ 少しの遅れであれば、極力待ってもらうようにする。
5）○ 相手が待てない場合は、代理の者で検討するか、伝言を預かる方法もある。

実戦問題

問題5 紹介

次は秘書A子が、取引先の人を社内の者に紹介するときに行っていることである。中から不適当と思われるものを選びなさい。

1) 紹介を始めるときは、応接室に全員がそろってからにしている。
2) 社内の者は「私どもの鈴木です」と呼び捨てにしている。
3) 取引先の人を紹介するときは「こちらがいつもお世話になっております○○会社の○○様です」と言っている。
4) 取引先の人を先に社内の者に紹介している。
5) 取引先の人が複数いる場合は、先方の役職の高い人順に紹介している。

問題6 茶菓のマナー

次は秘書A子が、来客にお茶を出すときに行っていることである。中から適当と思われるものを選びなさい。

1) 来客が複数の場合で、それぞれの地位がわからない場合は手前の来客から出している。
2) お茶はあらかじめ茶たくにのせ、セットしてからお盆で運んでいる。
3) 来客用と社内の者用は同じ器で出している。
4) 名刺の交換をしているところだったのでお茶を出したらすぐ退室した。
5) お茶を出すとき、テーブルに書類が広げられていたので「片付けます」と言って出している。

問題7 席次【記述】

次は秘書A子と部長、課長、主任との四人でタクシーに乗ったときの座り方である。それぞれa～dのどの位置に座るのが適切か答えなさい。

a (　　　　) b (　　　　)
c (　　　　) d (　　　　)

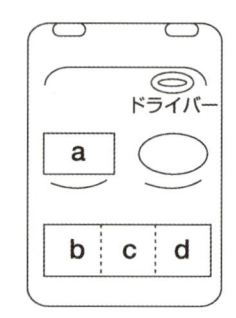

問題8 席次【記述】

秘書A子は取引先の部長と課長を応接室へ案内した。二人にa～dのどの席をすすめるのがふさわしいか答えなさい。

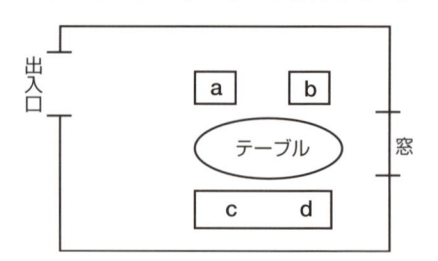

132

解答と解説

[問題5] **4) ×** 社内の者を取引先の人に、先に紹介するのが正しいやり方である。
1) ○ 一般的には全員そろってから行う。
<u>合否の分かれ目</u> 2) ○ 社外の人と話すときは、たとえ社長であっても、社内の者のことは呼び捨てで話す。
3) ○ 「いつもお世話になっております」のひと言を添えること。
5) ○ まず社内の者から紹介し、その後相手の役職の高い人から紹介していく。

[問題6] **3) ○** 来客用と社内の者用は区別する必要がなく、同じ器で出すこと。
1) × 席次がわかっていればおのずと出す順番も決まってくるはず。手前からではなく上座の来客から出すのが適切。
2) × 正式なやり方は
　①お茶と茶たくは別々にセットする。
　②お盆で運ぶ。
　③サイドテーブルにいったん置く。
　④お茶と茶たくをここでセットする。
　⑤1人ずつ両手を添えて出す（サイドテーブルがない場合はテーブルの端のほうに「置かせていただきます」とひと言断ってから置く）。
4) × 名刺交換している場合は、終わるのを待ってお茶を出す。
5) × どこに置くのか尋ねるのが適切である。もしくは少し離れたところに置いて「こちらに置かせていただきます」とひと声かけるようにする。

[問題7] a：秘書A子　　b：課長　　c：主任　　d：部長
＊タクシーの場合、料金を支払うのは秘書の役割なので、aがA子になる。後ろの座席は一番奥（ドライバーの後ろで安全な席）が上座となり、次がドア側で下座が真ん中の席になる。

[問題8] 部長＝d、　課長＝c
＊出入口から一番遠い「d」が上座となり、次が「c」となる。お客様にはソファーに座ってもらう。

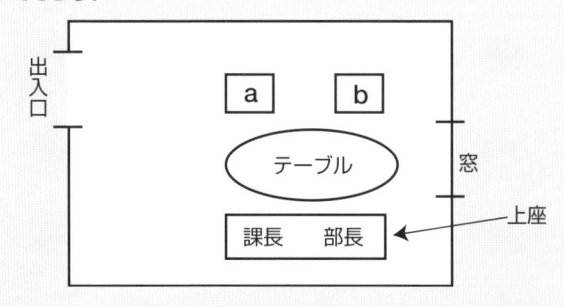

4 交際
慶事・パーティーのマナー

POINT!
慶事の服装は主に男性のもの、秘書としてのものが出題される。各パーティーの名称と形式をしっかり頭に入れておくこと！

慶事の服装

□ 慶事	私的関係 ➡ 婚礼、長寿、受賞、叙勲などのお祝い事。 会社関係 ➡ 落成、開店、新築、開業などのお祝い事。
□ 慶事の服装	男性と女性それぞれに、和装・洋装の決まった服装がある。

		男　性		女　性	
		午前・昼（日中）	午後・夜間（日没後）	午前・昼（日中）	午後・夜間（日没後）
洋装	正装	モーニングコート	燕尾服・タキシード	アフタヌーンドレス	イブニングドレス
	略装	ブラックスーツもしくはダークスーツ			カクテルドレス
和装	正装	黒羽二重の紋付羽織袴		既婚者は留袖、未婚者は振袖	
	略装	なし		訪問着、付下、中振袖	

● **モーニングコート**
ネクタイ（白無地・黒地に白、銀とグレーのストライプ）、ワイシャツ・手袋は白、靴下と靴は黒

● **燕尾服**
ネクタイ・ワイシャツ・手袋は白。靴下は絹製の黒、靴は黒。燕尾服の後ろは燕のように割れている

● **タキシード**
ネクタイは黒ボウタイ、ワイシャツはひだ胸、手袋は白、靴下は絹製の黒、靴は黒のエナメル

振袖→

4 交際　慶事・パーティーのマナー

秘書の服装 （受付事務を担当する場合）	●礼服に準じた服装。 ●多少改まったスーツでよい。胸にコサージュなどを飾る程度。 ●招待客ではなく、秘書として出席していることを自覚する。振袖などの必要はない。 ●再び職場に戻って仕事ができる服装にすること。
慶事のときの秘書の庶務	●祝い品を直接届けるときは吉日の午前中に。 ●招待状の返事はなるべく早く出す。 ●慶事の招待を欠席するときは祝電を打つ。 ●祝電は「日時指定」で依頼する。

パーティーの服装

指定なしの場合	開催時刻・格式・形式を考慮する。招待主にあらかじめ問い合わせる。
公式の場合 （フォーマル）	男性はタキシード、女性はイブニングドレス。 ＊「ブラックタイでお越しください」と言われた場合、男性はタキシードで行くこと。
非公式の場合 （インフォーマル）	男性はダークスーツ、女性は地味なワンピースかスーツ。 ＊「平服でお越しください」とあっても、普段着（カジュアル服）では行かないこと。

パーティーの形式

名　称	時間帯	形　式
ランチョン・パーティー （昼食会）	正午～ 午後2時	●略式の晩餐会 ●メインディッシュを肉か魚に分けてある軽めのもの
ディナー・パーティー （晩餐会）	午後6時以降	●格式が高い　　●フルコースが出る ●服装の指定がある　●席次が決まっている
カクテル・パーティー （飲酒会）	夕刻～1、2時間で終了	●アルコールが主体　●夕食は出ない ●指定された時間内ならいつ来ても、帰っても自由
ブッフェ・パーティー	昼食をはさんで1～2時間程度	●立食パーティーのこと　●軽食が出る ●多人数のときの形式　●自由に懇談 ●ビュッフェ・パーティーともいう

実戦問題

問題1　慶事のときの秘書の庶務

次は秘書A子が、慶事において心がけていることである。中から不適当と思われるものを選びなさい。

1) お祝いの品を直接届ける場合は、吉日の午前中に訪問するようにしている。
2) 祝電を打つ場合は、「祝電」扱いで「配達日指定」郵便にしている。
3) 招待状の返事を書く場合は、お祝いの言葉をひと言添えて早めに出している。
4) 上司の代理で出席するときは、招待客にふさわしい装いをしている。
5) 上司の代理で出席する場合は、態度や言葉遣いに十分注意し、上司にあとで式の様子を報告している。

問題2　慶事の服装

次は、慶事の服装について述べたものである。中から不適当と思われるものを選びなさい。

1) 女性の洋服でフォーマルなのは、ワンピースよりもスーツである。
2) 女性の昼の正式な洋装はアフタヌーンドレスである。
3) 男性の昼の正装はモーニングコートである。
4) 男性の夜の正装はタキシードで黒ボウタイである。
5) 男性の慶事の正装は黒羽二重の羽織袴である。

問題3　慶事の服装

秘書A子は、会社の創立記念パーティーで来賓受付を担当することになった。このような場合のA子の服装について、中から適当と思われるものを選びなさい。

1) パーティーの受付を担当するのだから、軽快なツーピースがよい。
2) 祝賀行事の来賓の受付なのだから、華やかなワンピースがふさわしい。
3) 招待客に対して敬意を表す意味で、黒のワンピースがよい。
4) 会社行事のパーティーなので、普段より改まっていればよい。
5) 会社行事のパーティーなのだから、普段通りの服装でよい。

問題4　パーティーの服装

次は秘書A子が、パーティーの服装について心がけていることである。中から不適当と思われるものを選びなさい。

1) 「平服」とあった場合は、男女ともにスーツを着用するようにしている。
2) 特に服装の指定がない場合は、パーティーの主催者に問い合わせるなどして、ふさわしい服装を心がけている。
3) 男性のブラックスーツはネクタイをかえればどんな場合の礼装にもなる。
4) 男性の服装で「ブラックタイ」と指定がある場合はタキシードを着用していく。
5) パーティーが午後もしくは夜の場合、男性はモーニング、女性はイブニングドレスを着用していく。

問題5　パーティー形式

次は、パーティーの形式とその内容やパーティーでの振る舞いの説明である。中から不適当と思われるものを選びなさい。

1) 祝儀はふくさに包み、受付で開いて渡すようにしている。
2) ディナー・パーティーは格式が高く、席次や服装の指定がある。
3) カクテル・ビュッフェはアルコールが主体のパーティーで着席形式である。
4) ガーデン・パーティーとは屋外で行われ、軽食が出て、座食式と立食式の中間のようなパーティーである。
5) 会場の入口で渡されるウエルカムドリンクはパーティーの開会までの間に飲むようにしている。

4 交際　慶事・パーティーのマナー

解答と解説

[問題1] **4）×** 招待客ではなく、あくまでも上司の代理の秘書として出席することを自覚し、多少改まったスーツやワンピースにコサージュなどを飾る程度でよい。
1) ○ 訪問するときは「吉日の午前中」と覚えること。
2) ○ この通りであり、必ず配達日を指定すること。

合否の分かれ目
3) ○ 慶事の場合は、出席、欠席にかかわらず、必ずお祝いのひと言を添えるようにすること。
5) ○ 必ず式の様子を上司に報告すること。

[問題2] **1）×** 決まったルールではないが、どちらが正式かといえば一般的には「ワンピース」といわれている。
2) ○ 女性の昼の正装はアフタヌーンドレスである。
3) ○ 男性の昼の正装は、洋装なら「モーニングコート」のみと覚える。
4) ○ 男性の夜の正装は、洋装なら「燕尾服」「タキシード」の2つ覚える。
5) ○ 男性の和装は一種類なので覚えておくこと。

[問題3] **4）○** 普段の服装よりも改まっていればよく、あくまで仕事の一環としてとらえる。
1) × 軽快なのはよいと思われるが、仕事に戻ることを考えれば4）のほうがよい。
2) × あくまでも秘書としての仕事の一環なので、華やかさは必要ない。
3) × 黒いワンピースはむしろ弔事の服装である。
5) × 普段とまったく同じでは、場にふさわしくない。

[問題4] **5）×** パーティーが午後もしくは夜の場合、男性は燕尾服かタキシードしかない。モーニングはモーニングコートの略称で昼の正装である。女性はイブニングドレスがふさわしい。

合否の分かれ目
1) ○ この通りであり、カジュアルな私服で行かないこと。「平服」は普段着という意味ではない。
2) ○ パーティーの性格、会場、開催時間などを考慮してふさわしい装いで行くこと。
3) ○ 白ネクタイであれば慶事、黒ネクタイであれば弔事ということになる。
4) ○ 「ブラックタイ」とはタキシードのこと。必ず覚えること。

[問題5] **3）×** カクテル・ビュッフェは立食形式で、企業で多く取り入れられている形式なので必ず覚えておくこと。カクテル・パーティーはアルコールが主体だがそれに食事が加わったものが「カクテル・ビュッフェ」である。
1) ○ 現金を渡す場合は、必ずふくさに包んで持参する。
2) ○ 「格式が高い」「服装指定」「フルコース」「席次あり」がディナー・パーティーのポイントである。
4) ○ この通りであり、午後2時から、3時間くらい行われる。
5) ○ ウエルカムドリンクは、開会までの間に飲む飲み物のことである。

4 交際

弔事のマナー

POINT!

弔事のしきたり、上書き、服装について要チェック！

🌸 訃報を受けたときの対応

□ 弔事（ちょうじ）	葬儀関連や法要のこと。
□ 訃報を受けた際の確認事項	1 逝去の日時　＊逝去を知ったらすぐ弔電の手配が必要なため。 2 経緯と死因 3 喪主の氏名・住所・電話番号　＊弔電のときに必要。 4 通夜・葬儀・告別式の日時・場所 5 葬儀の形式（宗教） 　＊香典や供花・供物が宗教により異なるので注意。
□ 確認後の対応	1 社内関係者へ連絡 2 弔電の手配（上司に確認してから） 　＊弔電を打つ際はだれの名前（社長名か部長名か）で打つのかも確認。 3 香典・供物・供花の手配 　＊社内の前例を参考にする。 　＊「供物」は葬儀の前日までに届ける。 4 上司参列の場合はスケジュール調整 　＊代理出席の場合はだれが出席するのかを確認。

覚えるべき5項目！

2〜4は上司の了承を得てから行うこと！

🌸 弔事に関する用語

□ 会葬（かいそう）	葬儀に参列すること。
□ 弔問（ちょうもん）	故人の霊に挨拶し、遺族にお悔やみを述べるために訪問すること。
□ 社葬（しゃそう）	会社に功績のあった人に対して会社主催で行う葬儀。
□ 喪主（もしゅ）	葬儀を行う代表者・主催者。
□ 喪中（もちゅう）	喪に服している期間。一周忌までの期間（忌中は四十九日まで）。
□ 布施（ふせ）	葬儀や法事の際に僧侶に渡す現金などのお礼のこと。

仏式葬儀の流れとしきたり

	意味合い	留意点
□通夜	故人を葬る前夜、遺族や親族が最後の別れを惜しみ、終夜過ごす儀式。	＊親しい間柄であれば弔問する。 ＊喪服の必要はない。
□葬儀	遺族や親族・故人と関係の深かった人が別れを告げる儀式。	＊喪服で参列。香典の上書きは「御霊前」「御香典」（P.146参照）。
□告別式	一般会葬者（参列する人）が焼香し別れを告げる儀式。	＊秘書代理出席の場合は、会葬者名簿に上司の名前を記入し左下に「代」と書き添える。

◆焼香(しょうこう)の手順

① 遺族に一礼し焼香台へ進み、遺影に一礼
② 3本の指で香をつまみ香炉(こうろ)の上に落とす
③ 遺影に合掌(がっしょう)
④ 下がって一礼し、遺族に一礼

> 香典は通夜か告別式の際に渡す

＊挨拶は「この度はご愁傷様でした」「お悔やみ申し上げます」など。
＊代理であることは言わない。
＊顔見知りがいても目礼だけにとどめる。

	意味合い	留意点
□火葬	近親者のみ火葬場へ同行。火葬後骨上げ。	＊一般会葬者は出棺見送りまで。 ＊葬儀などを手伝ってもらった人へのお礼の上書きは「志」「御礼」。
□精進落とし	喪主と遺族が葬儀・告別式でお世話になった人たちの労をねぎらい、もてなす儀式。	＊火葬場まで立ち会った近親者のみ。
□香典返し	忌明けの四十九日すぎに香典の返礼として物品を贈る。	＊上書きは「志」「忌明」（P.147参照）。
□法要	日を決めて故人をしのぶ仏教行事。一周忌（1年後）、三回忌（2年後）。	＊上書きは「御仏前」（P.147参照）。

🔴 神式葬儀のしきたり

□ 通夜式	仏式の通夜にあたるもので、神式の呼び名。
□ 供物(くもつ)	神式ではお神酒(みき)などを供える（仏式→線香など、キリスト教式→白系の生花など）。
□ 上書(うわが)き	神式の香典の上書きは「御霊前」「御玉串料」(p.146参照)。
□ 玉串奉奠(たまぐしほうてん)	仏式の焼香にあたるもので、神式のしきたり。

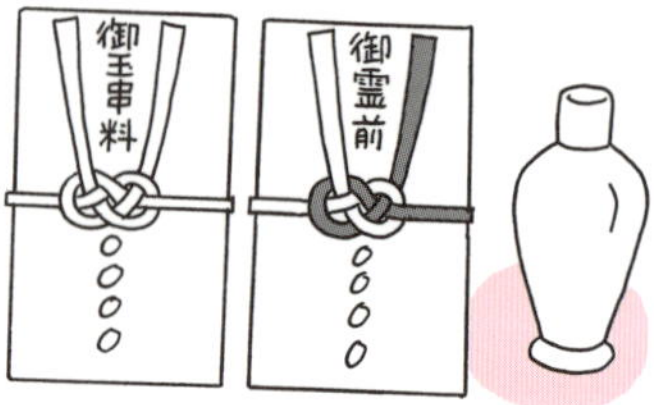

◆玉串奉奠の手順

①神官から玉串を受け取る 　②左右手を持ち替えながら右へ回し、枝もとを故人のほうへ向けて供える 　③二礼二拍手一礼する（音をたてない、忍び手）。再拝二拍手一拝とも言う

□ 注意用語	「冥福(めいふく)」「供養(くよう)」などの仏教用語は使わなこと。

🔴 キリスト教式葬儀のしきたり

□ 通夜祭	仏式の通夜、神式の通夜式にあたるもので、キリスト教式の呼び名。
□ 上書き	キリスト教式の上書きは「御霊前」「御花料」(p.146参照)。
□ 献花	仏式の焼香、神式の玉串奉奠にあたるもので、キリスト教式のしきたり。

4 交際　弔事のマナー

◆献花の手順

① 入口で花が右、茎が左向きに受け取る

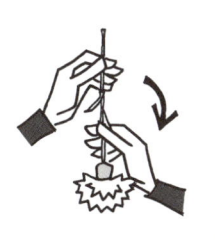

② 献花台へ進み、一礼後時計方向に90度花を回す

③ 茎が向こうになるよう献花台にささげる

④ 黙祷（もくとう）する

弔事の服装

葬儀・告別式の服装　遺族は正式喪服、一般参列者は略式のスーツやワンピース。

	遺族・親族	一般参列者
男性	洋装はモーニングコート、白ワイシャツ・黒ネクタイ・黒靴下・黒靴。和装なら紋付羽織袴（もんつきはおりはかま）。	正式はモーニングコート。略式は黒や紺のスーツに黒いネクタイ。
女性	仏式は黒紋付（黒喪服）の着物に黒喪帯、黒の小物。	光沢のない生地のワンピースか黒スーツ。靴・ハンドバッグも光沢や金属飾りのない黒のもの。真珠一連ネックレス、結婚指輪のみ可。

遺族・親族の和装　　モーニングコート　　ダークスーツ　　黒ワンピース

通夜の服装　「取り急いで駆けつける」という意味合いがあるので、地味な服装であれば、葬儀のような喪服でなくてもよいとされている。

実戦問題

問題1　弔事の服装

次は、弔事の服装について述べたものである。中から適当と思われるものを選びなさい。

1) 男性の遺族・親族の服装は、燕尾服に黒ネクタイである。
2) 女性の遺族・親族の服装は、首のかくれた黒のイブニングドレスで黒帽子、黒手袋である。
3) 通夜の服装は急いで駆けつけたとしても必ず喪服が望ましい。
4) 一般参列者は宗教に関係なく数珠を持って参列するのが正式である。
5) 女性は葬儀、告別式問わず、光る装飾品は避け、持ち物も黒で統一する。

問題2　弔事・その他の上書き

次は、上書きとそれらが使われるときの組み合わせである。中から不適当と思われるものを選びなさい。

1)「御仏前」　　　　＝ 仏式の法要
2)「御榊料」　　　　＝ 神式の香典
3)「御布施」　　　　＝ 仏式の香典返し
4)「志」「忌明」　　＝ 仏式の香典返し
5)「御奉納」「御祝儀」＝ 祭礼の寄付

問題3　弔事のしきたり

次は、弔事におけるしきたりについて述べたものである。中から不適当と思われるものを選びなさい。

1) 上司の代理で参列したので、記帳する際には上司の名前を書き、左下に「代」と加えた。
2) キリスト教の葬儀では、「ご冥福」などの仏教用語は使わないようにした。
3) 仏式では、忌明けの四十九日すぎに香典の返礼として物品を贈る「香典返し」がある。
4) 仏式では、1年後に故人をしのぶ「一周忌」と、3年後に行われる「三回忌」の法要がある。
5) キリスト教の献花では、花を献花台に置き、最後は黙祷する。

問題4　弔事に関する用語【記述】

次は、弔事に関することを説明したものである。何と呼ばれているか（　）内に答えなさい。

1) 会社に功績のあった人に対して会社主催で行う葬儀のこと。　（　　　　）
2) 葬儀に参列すること。　（　　　　）
3) 葬儀や法要の際に僧侶に渡す現金でのお礼のこと。　（　　　　）

問題5　葬儀のしきたり【記述】

次は、葬儀における宗教のしきたりである。それぞれの名称を答えなさい。

1) 3本の指で香をつまみ、少し押しいただいて香炉の上に落とす。
（　　　　　　　　）
2) 神官から玉串を受け取り、右へ回し、枝もとを故人のほうへ向けて供え、二礼二拍手一礼する。
（　　　　　　　　）
3) 入口で花が右、茎が左向きに受け取り、台へ進み、一礼後、時計まわりに回し、茎が向こう側になるように置き、黙祷する。
（　　　　　　　　）

解答と解説

[問題1] **5) ○** 身につけてもよいとされているのは真珠一連のネックレス、真珠一粒で小振りのイヤリング、結婚指輪のみとされている。真珠でも不幸が重なることをイメージさせる二連は避けること。
1) × 男性の遺族・親族の服装はモーニングコート（黒ネクタイ）か紋付羽織袴である。燕尾服は慶事のみの服装である。
2) × 女性の遺族・親族は和式であれば正式には黒紋付である。和装でなくとも神式・キリスト教式の場合は、黒のワンピースかスーツである。イブニングドレスは慶事のみの服装。
3) × 通夜は「取り急ぎ駆けつける」という意味で地味な服装であれば、**喪服でなくてもよいとされている**。〔合否の分かれ目〕
4) × 数珠（じゅず）は仏式のときのみで、神式やキリスト教式にはふさわしくない。

[問題2] **3) ×** 「御布施」は僧侶に渡すお礼の上書き。仏式の場合のみに使われる。
1) ○ 仏式の法要は「御仏前」である。
2) ○ 神式の香典は「御榊料」「御玉串料」である。
4) ○ 仏式の香典返しは、この2つを必ず覚えておくこと。
5) ○ 祭礼への寄付はこの2つ。

[問題3] **4) ×** 仏式での法要は1年後の「一周忌」と**2年後の「三回忌」**がある。3年後ではないので注意。その後もすべて「満」ではなく**「かぞえ」で数えた年数**になる。
1) ○ 代理で参列した場合はそのことを口頭で伝える必要はなく、上司の名前を書き左下に「代」と書き加えればよい。
2) ○ 宗教が異なる場合、「供養」「成仏」といった仏教用語は使わない。
3) ○ 正式には四十九日すぎに、お茶、タオル、のりなどの実用品を挨拶状とともに送るが、最近では葬儀、告別式が終わったときに一般会葬者に手渡されることもある。
5) ○ キリスト教ではこの通りの方法で「献花」をする。

[問題4] 1) 社葬
2) 会葬
3) 御布施［布施］
1)「会社に功績」「会社主催」がキーワード。
2) 参列する人々のことを「一般会葬者」と呼んでいる。
3)「仏式での僧侶へのお礼」と覚える。

[問題5] 1) 焼香
2) 玉串奉奠（「奠」をひらがなにして「玉串奉てん」でもよい）
3) 献花

4 交際

贈答のマナー

POINT!
記述問題で上書きを書かされる問題が出題される。主な慶事・弔事の上書きは、2種類ずつでよいので確実に覚える！

● 現金の包み方

☐ 慶事の包み方	新札を用意し、濃い墨で書く。上包みは「下」を「上」に重ねる。
☐ 弔事の包み方	新札でなくともよい。薄墨で書く。上包みは「上」を「下」に重ねる。
☐ 中袋（中包み）の書き方	慶事の場合は表に金額を書き、裏の左下に住所と氏名を書く。市販の中袋の裏に金額欄がある場合はそこに金額を書く。

● 水引の種類

☐ 水引（みずひき）	「水引」は、もともとは贈り物や金包みをほどけないようにしっかりと結びとめておくための帯のような役割を担っていた。現代では贈り物を美しく引き立てるものとして、いろいろと装飾されている。
☐ 「蝶結び（ちょう）」の水引	何回あってもよいことに使う。 [例] 出産など
☐ 「結び切り」の水引	一度きりのほうがよいことに使う。 [例] 結婚、弔事

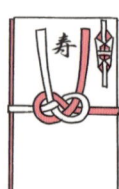

表書き（記名）

□ 表書き（おもてがき）

お金を包む、いわゆる「祝儀袋」や「不祝儀袋」の「のし」や「水引（みずひき）」で、お祝いや不幸を悼む気持ちを表している。

例：祝儀袋

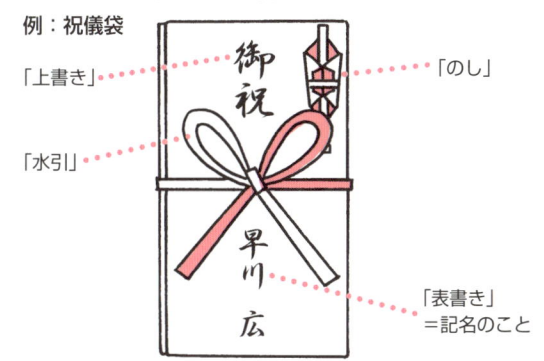

- 「上書き」
- 「のし」
- 「水引」
- 「表書き」＝記名のこと

（中央に「御祝」、下に「早川 広」）

▌1名の場合

（「寿」／「小林和男」）

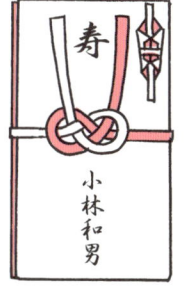

中央にフルネームでまっすぐに書く

▌連名の場合

（「御祝」／「今井彩子／山田洋子／石井由佳」）

3名までは名前を、年齢順か上位から下位の順に、右から入れる

▌4名以上の場合

（「御祝」／「今井彩子 外一同」）

代表者名と「外一同」または「他○名」と入れ、別紙に全員の名前を書いて中包みに入れる

▌会社名を入れる場合

（「御祝」／「高橋商会 今井彩子」）

名前の右側に略さず正式名を小さく入れる

▌連名で宛名が入る場合

（「鈴木正様」／「御祝」／「石井由佳／山田洋子／今井彩子」）

年齢順か上位から下位順に、名前を左から入れる。宛名は左上に書く

🔴 慶事の上書きと水引

用途	上書き	水引
☐ 結　婚	「寿」「御祝」 「祝御結婚」「御結婚祝」「結婚御祝」でも可。	結び切り
☐ 結婚のお返し	「内祝」(うちいわい)	結び切り
☐ 出　産	「寿」「御祝」 「祝御出産」「御出産祝」「出産御祝」でも可。	蝶結び
☐ 出産のお返し	「内祝」	蝶結び
☐ 新　築	「御祝」 「祝御新築」「御新築祝」「新築御祝」でも可。	蝶結び
☐ ビル・社屋新築	「御祝」 「祝御落成」「御落成祝」「落成御祝」でも可。	蝶結び
☐ 開店・開業	「御祝」 「祝御開店」「御開店祝」「開店御祝」 「祝御開業」「御開業祝」「開業御祝」でも可。	蝶結び
☐ 賀　寿	「寿」「御祝」 「祝御長寿」「御長寿祝」「長寿御祝」でも可。 ＊還暦（かんれき）(61歳)、古希（こき）(70歳)、喜寿（きじゅ）(77歳)、傘寿（さんじゅ）(80歳)、米寿（べいじゅ）(88歳)、卒寿（そつじゅ）(90歳)、白寿（はくじゅ）(99歳)。基本的にはかぞえ年で祝うが、満年齢でもかまわない。	蝶結び

🔴 弔事の上書きと水引

用途	上書き	水引
☐ 仏　式	通夜 「御香典」「御霊前」 葬儀・告別式 「御香典」「御霊前」	結び切り
☐ 神　式	葬儀・告別式 「御霊前」「御玉串料」「御榊料（おさかきりょう）」	結び切り
☐ キリスト教式	プロテスタント葬儀・告別式 「御霊前」「御花料」 カトリック葬儀・告別式 「御ミサ料」	なし

4 交際　贈答のマナー

用途	上書き	水引
□香典返し	「志」「忌明」（仏式・神式）	結び切り
□法要	「御仏前」（仏式）	結び切り
□僧侶へのお礼	「御布施」	結び切り（またはなし）

● その他の上書きと水引

用途	上書き	水引
□病気見舞い	「御見舞」「祈御全快」 ＊現金が一般的。品物なら果物がよい。 ＊「根付く（寝付く）」といわれ、忌み嫌われる鉢植えの花より、切り花がよい。	一般的になし
□病気見舞いのお返し	「内祝」「快気内祝」「快気祝」「全快気」	結び切り
□災害見舞い	「御見舞」「災害御見舞」「火災御見舞」「類焼御見舞」 「近火御見舞」「地震御見舞」「水害御見舞」「台風御見舞」	一般的になし
□一般のお礼	「寸志」（目下の者へ） 「謝礼」「薄謝」（一般の場合）	蝶結び
□転勤	「御祝」「祝御栄転」（栄転の場合） 「御餞別」（通常の場合）	蝶結び
□訪問時の手土産	「粗品」	蝶結び
□祭礼への心付け	「御祝儀」「御奉納」	蝶結び
□季節の贈答	「御中元」………7月初〜15日 「暑中御見舞」…7月15日〜立秋（8月8日頃） 　　　　　　　　御中元の時期がすぎた場合 「残暑御見舞」…立秋をすぎた場合 「御歳暮」………12月初〜20日（末日まででもよい） 「寒中御見舞」…御歳暮の時期がすぎた場合	蝶結び

実戦問題

問題1　水引の結び方

次は、現金を包む場合の水引の選び方である。中から不適当と思われるものを選びなさい。

1) 栄転祝い　＝　蝶結び
2) 結婚祝い　＝　結び切り
3) 弔事　　　＝　結び切り
4) 災害見舞い　＝　蝶結び
5) 陣中見舞い　＝　蝶結び

問題2　贈答のマナー

次は秘書A子が、取引先に中元や歳暮を贈るとき、贈られるときに行ったことである。中から不適当と思われるものを選びなさい。

1) 贈られたときの礼状は、まとめて書くのではなく、届けられたつど、はがきで出している。
2) 贈る前に、前回の送り先一覧表を上司に見せ、追加するところや、やめるところがないか確認している。
3) 贈る品を決めるときは、ランクごとに品を決め、上司に了承を得てから贈っている。
4) 贈られてきた品は、どこから贈られてきたのか、またどれくらいの金額のものか、今後の参考のために調べている。
5) 時期をはずしてしまった場合の季節の贈答は、上書きに注意している。

問題3　上書き

次は秘書A子が、用意した祝儀袋である。中から上書きとして不適当と思われるものを選びなさい。

1) 喜寿を迎える人へ　＝　寿
2) 祭礼への心付け　　＝　御奉納
3) 転勤する人へ　　　＝　御餞別
4) 目下の者へのお礼　＝　寸志
5) 出産祝へのお返し　＝　内返礼

問題4　表書き【記述】

秘書大野陽子の同僚が結婚することになった。そこで先輩の新藤昌子、後輩の佐藤美子と現金を贈ることになった。下の祝儀袋にどのように書けばよいか。適切な位置に書き入れなさい。

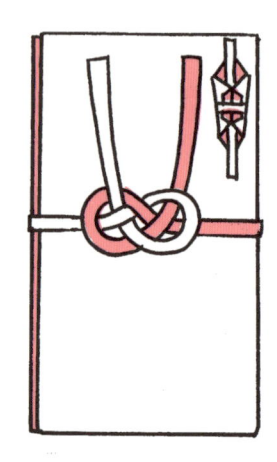

問題5　上書き【記述】

次の場合にふさわしい上書きを（　　）内に答えなさい。

1) 仏式の香典返し　（　　　　　　　　　）
2) 一般のお礼　　　（　　　　　　　　　）
3) 7月初めから15日頃までの贈答
　　　　　　　　　（　　　　　　　　　）

4 交際　贈答のマナー

解答と解説

[問題1] **4）×**　災害などの見舞いの水引は「なし」が正しい。**水引がないのは「災害御見舞」と「病気御見舞」の2つだけである。**
　1）○　何度あってもよいことなので「蝶結び」。
　2）○　一度きりのほうがよいので「結び切り」。
　3）○　弔事はほとんどが「結び切り」である。
　5）○　「陣中御見舞」は選挙や物事の追い込み態勢になっている人へ励ます際に使われる。お見舞いの中で唯一「水引あり」「蝶結び」である。

> 同じ「○○見舞」でも、4)の「災害御見舞」は「水引なし」だが、5)の「陣中御見舞」は「蝶結び」なので間違えないように！

[問題2] **4）×**　中元や歳暮はお互いに日頃の感謝の気持ちを表すものであるから、贈られてきた品物の金額を調べてもあまり意味がない。
　1）○　礼状はなるべく早く、そのつどはがきでよいので書くこと。
　2）○　このように上司に確認すると、もれがない。
　3）○　一般的には、今までの取引の度合いや今後の取引の方向性を考えランク分けをして、贈る品を決める。上司に必ず了承を得ること。
　【合否の分かれ目】5）○　この通りであり「御中元」の時期がすぎた場合は「暑中御見舞」、「御歳暮」の時期をすぎた場合は「寒中御見舞」とする。

> 5)「暑中御見舞」「寒中御見舞」の使い方は要チェック！

[問題3] **5）×**　「内返礼」という上書きはない。出産祝へのお返しは「内祝」が正しい。
　1）○　賀寿の上書きは「寿」か「御祝」である。
　2）○　「御奉納」もしくは「御祝儀」となる。
　3）○　栄転かどうかわからないので「御餞別（せんべつ）」が適当である。
　【合否の分かれ目】4）○　目下の者へなので適切だが、目上の人に「寸志」は使えない。

> 4)「寸志」の使い方を間違えないように注意！

[問題4] 模範記述は右の通り。
　＊上書きは「寿」か「御祝」のいずれかを入れる。
　＊記名の仕方は一番右から上位となる。

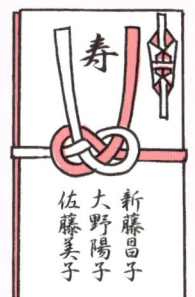

（例）
寿
新藤昌子　大野陽子　佐藤美子

> 3名の場合は一番右が上位となる

[問題5] 　1）「志」もしくは「忌明」
　　　　　2）「謝礼」もしくは「薄謝」
　　　　　3）「御中元」

COLUMN

自分管理術 3

計画的に優先順位をつけていますか?

「秘書検定2級に絶対合格したい」という動機づけは大切なことですが、合格したいと思っているだけ、または口先だけの人はいませんか。

合格したいと思っているのであれば、ぜひ具体的な行動（秘書検定の勉強をする）に移してみてください。この具体的な行動がともなって初めて合格へのスタートが切れるのです。

勉強時間については「コラム自分管理術2（p.96）」を参考にしてください。ここではさらに勉強という行動をスムーズにする優先順位のつけ方について述べたいと思います。

もう仕事をなさっている方は「優先順位のつけ方」についてご存じのことと思いますが、ここで再確認してみたいと思います。一般的には、

> 「時間的制限があり、重要度が高く、緊急度が高いもの」
> ➡ 「優先順位が高い」

といわれています。皆さんにとって秘書検定の重要度や緊急度はいかがでしょうか。たぶん、人それぞれなのではないのでしょうか。

秘書検定は受験日が決まっています。ですので、期日を最優先して「受験日の1か月前になったら、秘書検定の勉強をほかのことよりも優先する」という人が多いようです。

また、優先順位をより具体的に1週間単位で組み立てている人もいます。1週間で「どの分野をどこまで」「どれぐらいの所要時間で」「いつ勉強するか」「何度勉強するか」などを決めているようです。そうすると、おのずと1日1日の勉強内容がより明確になってくるというわけです。このようなことを1か月間、日々くり返すことこそが合格への近道となります。

皆さんも計画的に優先順位をつけてみてはいかがでしょうか。

PART 4
職務知識

物事のとらえ方が問われる

[理論] 実試験で**5問**出題（35問中）
→すべてマークシート

秘書としての物事のとらえ方や行動の仕方について出題されます。PART1～3を学習したことで、秘書がどのように行動すべきかは理解できてきたと思います。あとはくり返し問題を解いてポイントをつかみましょう。

合否の分かれ目 「解答と解説」にあるこのマークは、間違えやすい選択肢。注意しましょう。

① 秘書の機能と役割

組織の中の秘書

POINT!
「秘書としてふさわしい行動」が問われる。さまざまな問題を数多く解くことが大切！

秘書と上司、それぞれの機能と役割

□ 秘書の機能	■**上司を補佐する**……上司の雑務を引き受け補佐することにより、上司が本来の業務に専念できるようにする。
□ 上司の機能	■**経営管理を行う**……さまざまな意思決定をして企業経営を行う。
□ 秘書の役割	■**上司の期待に応える**……上司の周辺雑務を適切に処理していく。
□ 上司の役割	■**企業の期待に応える**……経営計画の策定、組織の指揮命令業務を行う。
□ 秘書の位置づけ	秘書はスタッフ部門に所属する。 ＊スタッフ部門とライン部門の区別はp.19の『企業の組織』を参照。
□ 秘書の所属先	所属先によって、秘書は以下のように分類できる。

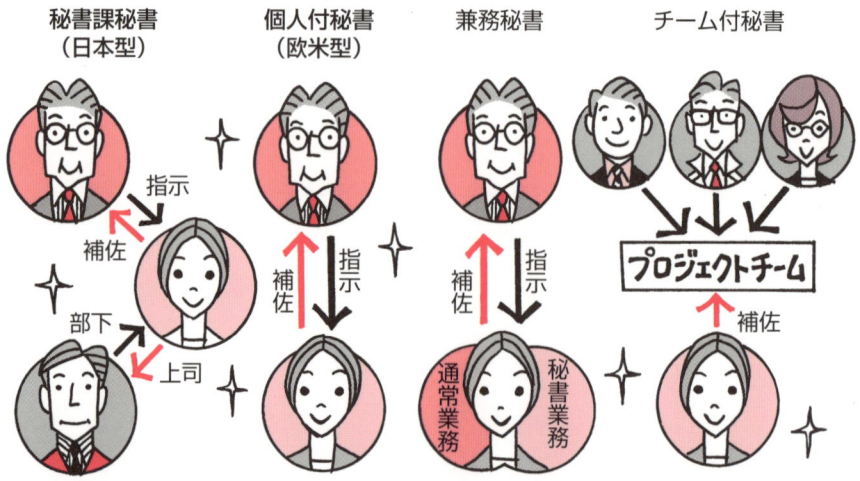

秘書課秘書（日本型）
直属の上司は秘書課長。仕事の指示はトップマネジメント（取締役以上）から受ける

個人付秘書（欧米型）
特定の上司に直属の秘書がつく

兼務秘書
秘書は上司と同部所属。従来の業務と上司の補佐業務を兼務する

チーム付秘書
いろいろな部署の人材が集められたプロジェクトチーム全体を補佐する

1 秘書の機能と役割　組織の中の秘書

☐ 上司の プライバシー 保持	上司を補佐する上で、次のようなことは知っておいたほうがよい。 ● 社外で所属している団体など。 ● 社外の人脈（主な知人・友人）。 ● 住所、利用駅、家族構成など。 ● 性格、趣味、食事などの好み、健康状態など。　　左記以外に関しては立ち入らないようにする。

秘書と上司の関係

☐ 秘書としての基本姿勢	必ず<u>上司の指示や許可を得て</u>から行う。「上司はきっとこうするだろう」という<u>思い込みで先走らない</u>。
☐ 代行できない業務 （越権行為・独断行為にあたる業務）	✗ 上司の留守中、上司になりかわった決裁業務。 ✗ 稟議書（りんぎしょ）に押印すること（預かるだけであればよい）。 ✗ 経営管理や経営業務に対して、詳細を教えてほしいと言う。 ✗ 上司になりかわった来客応対・面会予約（仮予約や代行者へ取り次ぐならよい）。 ✗ 上司の許可のない日程変更や決定（仮予約や保留ならよい）。 ✗ 上司作成の書類を許可なく訂正する。 ✗ 上司の留守中に上司の部下に指示を出す。 ✗ 離席が多い上司に必ず行き先を自分に伝えてほしいと言う。 ✗ 取引先への贈答を秘書の名前で行う。
☐ 上司への進言	上司へ忠告・意見・ミスの指摘などは原則的には行わない。 [例外] ● **健康を気遣うこと** 　秘書側の配慮で、定期健康診断を受診できるよう日程調整するなど。 ● **食事を気遣うこと** 　上司が多忙でも、食事の時間に配慮する。 ● **人物評価には注意して返答する** 　事実とよい点だけを述べる。「私の知る限りでは」という言い方にする。

実戦問題

問題1　上司と秘書の機能・役割

次は、上司と秘書それぞれの機能と役割について述べたものである。中から不適当と思われるものを選びなさい。

1) 秘書は上司の雑務を代行し、上司が本来の仕事に専念できる環境を作る機能がある。
2) 秘書は上司のスタッフ部門の一員として上司の期待に応える役割である。
3) 秘書は上司の指示や許可を得て仕事をし、「上司ならきっとこうするだろう」と、思い込んだり、先走りしたりしない姿勢が大切である。
4) 上司から決裁業務や会議への出席など、急ぐときは秘書として上司の代行ができるような役割を担っている。
5) 上司は組織におけるさまざまな意思決定を行う役割をもち、経営管理の機能をもっている。

問題2　代行できない業務

秘書A子は、上司（常務）から今年半期の営業実績の資料を営業部から取り寄せてほしいと言われた。営業部の担当者は「正確な資料は、今、作成中ですぐにはできない」とのこと。このような場合A子は担当者にどのように言うのがよいか。中から不適当と思われるものを選びなさい。

1) 上司にいつまで必要なのか聞いてくるので、それに合わせて作成するのは可能か、と言う。
2) 私が手伝っても差し支えないものであれば手伝おうか、と言う。
3) 上司にできている分だけでも先に取り寄せるかどうか尋ねてくる、と言う。
4) 上司に、今、作成中と伝えるので、仕上がるのはいつ頃か教えてほしい、と言う。
5) 常務の指示なので、ほかのことよりも優先してやったほうがよいと思う、と言う。

問題3　秘書と上司の関係

次は秘書A子が、上司とのよりよい関係を築くために、上司について知っておかなければならないことである。中から不適当と思われるものを選びなさい。

1) 住所、利用駅などの生活環境
2) 社外からの収入とその相手先
3) 資格などを含む略歴
4) 家族構成
5) 趣味、好物

問題4　秘書と上司の関係

秘書A子の上司（部長）は黙って席を立つことが多い。たいがい社内にいるが急用でさがすときは大変で、A子としては何とかしたいと思っている。中から不適当と思われるものを選びなさい。

1) 上司を訪ねてきた部下には「席をはずしていることが多いので、あらかじめ在席を確認してから来てもらえないか」と伝えておく。
2) 上司に「行き先はいろいろあると思うが、行った先で時間がかかるときは電話を入れてほしい」と頼む。
3) 上司に「部長が席をはずしているときに部下が来たら、どんな理由を言えばよいのか」と尋ねる。
4) 上司が席を立つときの様子に気をつけ「何時頃戻るか」と尋ねるようにする。
5) 上司に「行き先を知っておいたほうが、より早い対応ができるので、行き先を知らせてもらえないか」と頼む。

1 秘書の機能と役割　組織の中の秘書

解答と解説

[問題1] **4）×**　どんなに急ぐ場合であっても、決裁業務は越権行為にあたる。また会議への出席なども、記録係としてならよいが、秘書が代行できない業務の1つである。

> 「秘書が代行できない業務」をしっかり覚えることが大事！

1) ○ 上司が本来の仕事に専念してもらうために秘書がいる。
2) ○ 「スタッフ部門に所属」と覚えておく。
3) ○ 上司に確認し、許可を得ることが秘書の基本姿勢である。
5) ○ 上司の意思決定や、経営管理に関する補佐をするのが秘書である。

[問題2] **5）×**　このような言い方は、上司になりかわって担当者に指示することになるので、不適切である。

1) ○ 可能かどうか、聞く程度であれば差し支えはない。
2) ○ 上司の期待に応えるために手伝うという方法もある。
3) ○ 上司の期待に応えるための1つの方法である。
4) ○ ある程度の目安を伝えておけば、上司も安心するので教えてもらう。

[問題3] **2）×**　社外からの収入があったとしても、上司のプライバシーにふみ込むことになるので、不適切である。

1) ○ 知っておく必要がある。
3) ○ 知っておく必要がある。
4) ○ あくまでも大まかであって、年齢などくわしく知る必要はない。
5) ○ 知っておく必要がある。

> 「所属団体」「人脈」「性格」「趣味」「健康状態」なども知っておくといいですよ。

[問題4] **3）×**　秘書として、どのようにうまく上司に頼むか、尋ねるかという「頼み方、尋ね方」が問われている。上司は用事があって離席しているのだから、それにうまく対応するのが秘書の役割である。いない理由を尋ねても仕方ない。

1) ○ 部下に対しての対応であれば、このような言い方になるであろう。
2) ○ 上司に「必ず行き先を教えてほしい」という言い方は、上司へ意見することになる。このような言い方であれば、よりよい補佐業務につながる。
4) ○ このように秘書側が常に上司の行動に気配り・目配りし、戻る時間だけでも確認しておく必要がある。
5) ○ 「より早い対応」はよりよい補佐業務につながるので、このような頼み方もある。

2 秘書の業務

定型業務と非定型業務

POINT!
秘書としてのあらゆる補佐業務が問われるので、ケース別にその対応のポイントをしっかり押さえておくことが大事！

● 非定型業務

□ 予定外の来客	●対応の手順　＜いったん保留→その後確認＞　がポイント！ 【予定外でも感じのよい対応】　「笑顔」「丁寧」「平等・公平」 ↓ 【緊急度の把握／上司に取り次ぐかどうかの判断】 　＊名乗らない、用件を言わない 　＊上司が迷惑がるであろう依頼　など ↓ 【相手には「保留」対応】 　「ただ今確認をいたします」 　「恐れ入りますが、しばらくお待ちくださいませ」 ↓ 【上司や上司の代行者に確認してから、来客への返事】 　＊上司が「いる」とも「いない」とも明言しない
□ 上司の急な出張	スケジュール変更の調整をして、不在中の業務代行者を確認する。
□ 上司の急病	自宅、社内関係者へ連絡 ➡ 主治医へ連絡 ➡ 応急手当て ➡ スケジュール調整 ＊電話番号、健康保険番号を控えておく。 ＊持病の知識、常時服用している薬の知識をもつ。
□ 人事異動で上司が変わる	一般的な事務の引き継ぎを行い、新しい上司の情報（人柄、仕事の仕方など）を収集。新任上司の意向に沿う補佐業務に努める。
□ マスコミへの対応	取材依頼の内容を確認する（連絡先、希望日時、取材趣旨、掲載号、写真の有無、紹介者などの確認を怠らない）。その後、上司の許可を得て、正式に返事をする。
□ 事故や災害発生	来客、社外の方を優先的に避難させ、関係者への連絡（災害時は重要品持ち出し）、上司スケジュール調整・対応の順に行動する。

定型業務

☐ 日常業務	日程管理、文書事務、来客応対、電話応対、情報収集・管理、会議・会合事務、出張業務、経理事務など（PART2、3参照）。
☐ 上司の身のまわりの世話	● 車の手配……いつでも配車できるように、秘書は運転手と連絡を密にする。 ● 私的交際の世話……私的なこと（同窓会、社外の会合など）も補佐するが、必要以上に立ち入らない。 ● 健康管理……かかりつけの病院・連絡先、健康保険証の番号を控えておき、応急手当ての知識をもち、救急薬品を常備する。
☐ Eメールの活用 正式には対面、次に手紙かはがき、遠方であれば電話の順が望ましい。	【Eメールでのやりとりが向いているもの】 ● 社内での会議、社外での会合などの案内と出欠確認。 ● 添付したい書類などがある場合。 ● 多数の人に同時に送りたいものがある場合。 【Eメールでのやりとりが向いていないもの】 ● 面識のない人への連絡・面会予約など。 ● 前日・当日のスケジュール変更のやりとりなど。 ● 取引先へのお礼やおわびなど。 （Eメールの一般的なルールが基本です！）
☐ 上司の指示がなくても行う業務	● 贈答などに対する返礼（礼状を出す）。 ● 転任、異動などの名簿や名刺の変更、訂正。 ● 住所録の変更や訂正。 ● 上司が必要としている事柄の情報収集。
☐ 退社のタイミング	● 上司が退社しない、特に指示もない場合 →「ご用はございませんでしょうか」「お手伝いすることはないでしょうか」「ないようでしたらお先に失礼いたします」と言い退社する。 ● 上司が外出中、秘書は先に退社し、あとから上司が戻ってくる場合 →留守中の連絡事項と念のために明日の朝のスケジュールをメモで残す。メモの文面は「お疲れ様でした。お先に失礼いたします。○時○分」など。不在中の上司へEメールでの退社の挨拶は不適切。
☐ 新人・後輩秘書の育成	● 秘書としての職務限界や責任について指導する。 ● 上司と新人秘書、後輩秘書との関係をあと押しする。

実戦問題

問題1　秘書の非定型業務

秘書A子の上司（部長）は午後2時半終了予定の会議に出席している。現在3時だが何の連絡もない。そこへ課長が3時に来るように言われたと言って来た。さらに3時半の予約客が早く着いたと言って来た。このような場合、A子はどのように対応するのがよいか、中から適当と思われるものを選びなさい。

1) 課長に来客を先にしてもらいたいと頼み、来客を上司の部屋へ通し、上司が来るまで待ってもらう。
2) 課長と来客にそのまま待ってもらい、会議中の上司にメモを入れて、現状を伝え指示を仰ぐ。
3) 来客に約束の時間まで応接室で待ってもらい、課長を上司の部屋へ通し、上司が来るまで待ってもらう。
4) 来客に約束の時間まで応接室で待ってもらい、課長に3時半まで来客と話していてもらえないかと頼む。
5) 来客に約束の時間まで応接室で待ってもらい、課長には来客が帰ったら連絡するのでまた来てほしいと言う。

問題2　秘書の非定型業務

秘書A子の上司が外出中に、上司が月1回の連載をしている雑誌社から電話があった。読者から好評なので継続してほしいとのこと。上司は以前「月1回とはいえ大変だ」と言っていた。このような場合、A子は雑誌社へどのように対応するのがよいか、中から適当と思われるものを選びなさい。

1) 執筆を継続する場合のくわしい内容を聞き、「後ほど返事をさせてもらう、ということではどうか」と言う。
2) 継続ということであれば「改めて上司に直接お願いしてみたらどうか」と言う。
3) 「上司は月1回とはいえ大変だ」と言っていたと伝え、おそらく無理だが確認してみると言う。
4) 読者から好評であれば「上司なら引き受けるだろう」と言い、戻ったら確認すると言う。
5) 読者から好評であれば一応引き受けておき、万一、上司が断る場合はこちらから連絡すると言う。

問題3　秘書の定型業務

秘書A子が、長期出張中から戻った上司に対して行ったことである。中から不適当と思われるものを選びなさい。

1) 留守中に処理したことのメモを渡すとき、メモではわかりにくい部分は口頭で説明している。
2) 留守中にあった面会申し込みで、とりあえず予約を受けつけておいたものを、上司とともに調整し、正式の返事をした。
3) 留守中の電話で、上司の指示がないと処理できないものは、保留にしておいたので、指示をもらった。
4) 留守中に受け取った郵便物や社内の文書を渡すときは、急ぐものをまとめて先に目を通してもらった。
5) 留守中の業務代行者の業務処理の仕方を伝え、「これでよかったか」と確認する。

問題4　秘書の定型業務

次は秘書A子が、日常的に行っていることである。中から不適当と思われるものを選びなさい。

1) 上司が外出する際にすぐ配車ができるよう運転手との連絡を密にしている。
2) 上司の日程管理はあまりきつくならないよう、体調や意向を考えて組んでいる。
3) 上司の出張に関しては、旅費精算などの経理事務まで行っている。
4) 御中元、御歳暮に対する礼状は上司のチェックを受けてから出している。
5) 社内文書や社外文書は目的に応じて作成できるようにしている。

解答と解説

[問題1] **2) ○** どの予定を優先するかは、上司の指示を仰ぐしかない。秘書が勝手に判断しないこと。会議中の上司への取り次ぎは必ず「メモ」を使うこと（p.172「判断力」参照）。
1) × 来客を勝手に上司の部屋に通してはいけない。
3) × 予約の時間まで応接室で待ってもらうのはよいが、課長を勝手に上司の部屋へ通してはいけない。待ってもらうときはお茶を出し、雑誌などをすすめる。
4) × このようなことを、秘書の勝手な判断で課長にお願いするのは不適切である。
5) × 秘書の勝手な判断で課長を帰してしまうのは不適切である。

[問題2] **1) ○** 継続するかどうかは上司が決めることであって、秘書が返答するものではない。上司が決定するのに必要な条件を聞いておき、戻りしだい、上司に確認後、返事をするのが適切である。
2) × 上司が直接やりとりをしなくてもいいように秘書がいるのである。
3) × 上司の個人的な発言について人に言う必要はなく、無理かどうかは上司が判断すること。
4) × 秘書の個人的な感想を言っても仕方ない。
5) × 一応でも勝手に引き受けてはいけない。独断専行にあたる。

[問題3] **5) ×** 留守中の代行者がいたのなら、秘書がその処理についてどうこう言う立場ではない。
1) ○ 長期出張中の連絡事項は色々あるので、このように口頭で補足する必要もある。
2) ○ 仮予約で受けているものは、返事を上司と調整する必要がある。
3) ○ 指示がないと処理できないものは保留にし、このように対応するのが適切である。
4) ○ 急ぐものや重要なものは、渡すときに上にすると上司も目を通しやすい（p.70「取り扱いの留意点」で学習ずみ）。

> 4) のように工夫することは、ワンランクUPの知識！

[問題4] **4) ×** 礼状は上司の指示がなくとも行う仕事の1つなので、チェックを受ける必要はない。
1) ○ 連絡を密にして、上司がスケジュール通り行動できるように配慮すること。
2) ○ 上司の体調や意向を考えた上での日程管理が望ましい。
3) ○ 出張の準備からこのように出張後の精算事務まですべてが秘書の仕事になる。
5) ○ 秘書は各種のビジネス文書（p.52～63参照）の作成が求められている。

2 秘書の業務

職務上の心得

POINT!

まずはNG（やってはいけないこと）を覚えること。それから適切な対応のポイントを押さえよう。

● 職務上の心得

☐ 上司不在時に上司判断が必要な場合	通常は上司のすぐ下の役職者か秘書課長に相談し指示を受ける。 **NG** 上司がいないと判断できないからと、秘書が勝手に断ってはいけない。
☐ 上司の空き時間の問い合わせがあった場合	面会申し込みなどで上司の空き時間を尋ねられても上司に確認してからという返答をする。 **NG** 上司の親しい人やよく知っている取引先の人だからといって、秘書の判断で教えてしまってはいけない。
☐ 上司から取り次がない指示が出ている場合	本当の理由を正直に言わないこと。「ただ今、スケジュールが込み合っておりまして」などの理由を話す。 **NG** ×「緊急事態が発生した」→企業イメージが悪くなる ×「取り次がないように言われている」→上司のイメージが悪くなる ×「取り次げない」→秘書としての心得に欠ける 申し訳ございません。ただ今、立て込んでおりまして
☐ 上司から「今すぐ」という指示があった場合	「今すぐ（連絡を取ってほしい）」という指示には、秘書として「すぐ」に応じる。相手がすぐに応じられない場合（会議中、外出中など）は一番早く上司と連絡がつく方法を考えて対応する。 **NG** ×「課長は会議中で今すぐは無理とのことです」 ×「担当の○○さんは外出中だそうです」 ➡ 伝言は可能か、連絡が取れるのは何時かなど、次の対応を考え、行うのが秘書の仕事である。

□ 上司不在中に来客、電話があった場合	基本的に来客も電話もセールス以外はすべて報告する。「ほかの部署に用事があったので立ち寄った」「近くまで来たので立ち寄った」などの来客があったこと、「急ぐ用件ではないが」「いるのなら立ち寄りたいと思い」などの電話についても報告が必要。 **NG** 仕事に直接関係しないと思って報告しなかったり、相手から「電話があったことを伝えてほしい」と言われていないので報告しなかったりするのはいけない。
□ 上司の自宅への連絡	緊急な場合や自宅に連絡を入れるしか方法がない場合を除き、極力控える。（上司取引先から直帰 ➡ 携帯電話がつながらない ➡ 明朝一番の臨時部長会が開かれる ➡ 自宅への連絡はやむを得ない） **NG** なんとか翌日の朝一番に対応すれば間に合うことを連絡したり、相手がどうしても今日中にという要望に、秘書課長などの代理を立てずに応じてしまい連絡したりしてはいけない。

● 仕事の進め方

□ 優先順位を考える	●仕事は優先順位の高いものから行う。 ●優先順位は「緊急度」「重要度」「時間的制限」により決まる。 ●優先順位に迷ったときは「この順番でよいか」と上司に尋ね了承を得てから決める。同時に複数の仕事を指示されたときも同様。
□ 期限と時間配分を考える	●「急がないから」との指示であっても、おおよその期限を聞く。 ●仕事には期限がつきものなので、日頃から自分の仕事のペースやスピードを把握しておく（例：企画書1枚作成には○時間など）。 ●無計画に仕事を進めるのではなく、時間配分をよく考え、計画的に進める（例：1時間かかる仕事なのでこの日のこの時間に行うなど）。
□ 仕事の標準化	●よく作成する文書（会議の案内状など）は、ある一定の様式を作成しておく。 ●上司の出張に関する一連の業務も、手順をマニュアル化しておく。 ●出社時と退社時の仕事を標準化しておく。 【出社時の例】●今日の上司の予定を再確認 　　　　　　　●上司の仕事にかかわる新聞記事のチェック 　　　　　　　●Eメールの受信チェック　など 【退社時の例】●明日の上司の予定を確認 　　　　　　　●自分の仕事の流れを確認 　　　　　　　●投函する郵便物や社内送付物などの確認　など

実戦問題

問題1　職務上の心得

次は秘書A子が、上司の補佐業務として行っていることである。中から<u>不適当</u>と思われるものを選びなさい。

1）取引先から御中元が届いたので上司に報告し、礼状はA子が書いて出しておいた。
2）上司の外出中に取引先から電話があり「またかける」とのことだったので上司には報告をしなかった。
3）取引先の部長が栄転という話を聞いたので転任日や転勤先など必要な情報を尋ねた。
4）上司が不在中、上司の友人から寄付の依頼があったので、寄付の内容を聞き、後日上司から連絡すると伝えた。
5）上司が長期出張中、上司の判断が必要になったので、代行者である秘書課長に相談した。

問題2　職務上の心得

上司（部長）が外出中に、常務から「明日の朝9時から緊急の部長会を開くことになった」との連絡があった。次はそのことに対して秘書A子が行ったことである。中から適当と思われるものを選びなさい。

1）上司は外出先から自宅へ直接帰る予定になっていたので、とりあえず自宅へ連絡を入れた。
2）常務に、上司は外出先からそのまま帰る予定なので連絡を取るのは難しいと思う、と言った。
3）明日の9時から予約が入っていた取引先に「緊急会議のため延期にしてほしい」と連絡した。
4）取引先から明日の午前中であれば何時でもよいので伺いたいと言われたので、無理だと言って断った。
5）外出先に連絡したが上司は出たあとだったので、携帯電話に至急連絡がほしいとメッセージを残し、連絡があるまで待機していた。

問題3　仕事の進め方

次は秘書A子が、日頃から仕事の進め方について注意していることである。中から<u>不適当</u>と思われるものを選びなさい。

1）仕事はいつも優先順位を考え、期限を必ず守るよう進めている。
2）同時に複数の仕事を指示されたときは、順番を上司に確認してから進めている。
3）期限に間に合いそうにない場合は、それがわかった時点で早めに上司に報告し進めるようにしている。
4）上司は急な出張が多いので、マニュアル化をするよりも臨機応変に対応しながら進めている。
5）会議の開催案内など、よく作成する文書はフォーマット化しておき効率よく仕事を進めている。

問題4　仕事の進め方

次は秘書A子が、仕事の仕方について後輩に指導したことである。中から<u>不適当</u>と思われるものを選びなさい。

1）期限の指示がない仕事は、ほかの仕事を優先させ空いた時間に行うこと。
2）期限に間に合いそうにもないとわかったら、そのときすぐ報告をすること。
3）仕事でわからないところがあったら、そのまま進めず必ず上司に確認すること。
4）仕事が早く仕上がった場合は上司に報告し、関連する仕事はないかと尋ねること。
5）急ぎの仕事をしているときに、別の仕事が入ったら、順番をどうするか上司に確認すること。

解答と解説

[問題1] **2）×** たとえ相手が「またかける」と言っても、上司には「またかけるとおっしゃってました」と報告しなければならない。そうすれば、次に相手から電話があったとき「一度電話をくれたそうで申し訳ない」と上司が言えるからである。

1）○ 必ず上司に報告は必要である。中元や歳暮の礼状は上司の指示がなくとも行うことの1つ。
3）○ この通りであり、新しい役職名、後任者なども尋ねておくとなおよい。
4）○ 寄付については秘書では判断がつかない。また、上司が検討する上でもどんな寄付なのか聞いておく必要がある。
5）○ この通りであり、必ず代行者に相談し指示を受ける。

[問題2] **5）○** どうにか直接上司と連絡を取らなければいけない。一般的な手順はこのようになる。それでも連絡が取れない場合に限って自宅への連絡となる。

1）× 5）の解説通りで、いきなり自宅へ連絡を取るのは控えなければならない。
2）× 緊急部長会を開くことは決定なので、それを何とか伝える工夫をするのが秘書の仕事である。
3）× 社外である取引先の人に「緊急会議のため」と伝えてはいけない。
4）× 無理だとわかっていても、上司に報告せずに勝手に断ってはいけない。

[問題3] **4）×** たとえ急な出張であっても秘書が行う仕事の流れにあまり変わりはないので、手順をマニュアル化しておいたほうがよい。

1）○ 仕事の進め方のポイントは、「優先順位」と「期限」である。
2）○ この通りであり、優先順位に迷ったときは上司に確認してから行う。
3）○ このようにわかった時点での報告がないと修正ができない。
5）○ 効率よく仕事をするためにフォーマット化（様式化）しておくことが必要である。

[問題4] **1）×** たとえ上司から期限の指示がなくとも、自分からおおよその期限を聞いておく必要がある。

2）○ 「わかった時点ですぐ」がポイントである。
3）○ このように不明点を確認しながら確実な仕事をするように心がける。
4）○ 早く仕上がったらそれで終わりではなく、このように関連する仕事を引き受けるようにする。
5）○ 順番は勝手に判断せずに上司に確認する必要がある。

COLUMN

自分管理術 4

合格へのプレッシャーを
プラスに感じるほうですか？

　皆さんは今まさに、秘書検定2級合格へ向けて「プレッシャー」を感じていることと思います。実は私は「プレッシャーを少し感じるぐらいがちょうどいい受験態勢」ではないかと考えています。
　プレッシャーとは「外的、内的な精神的圧迫」のことですが、この圧迫が逆の作用、つまりプラスに働くこともあると考えているからです。特に明確なゴールを目指しているときは、少しプレッシャーを感じるくらいがちょうどいい気がします。
　あえて自分で自分にプレッシャーをかける人もいますが、たいていの人は何らかの外的なプレッシャーがあったほうが、より自分を奮い立たせられるのではないでしょうか。

　たとえばそれは、受験日が決まっている秘書検定だったり、期限が決まっている仕事だったりします。それがあるからこそ、人は自分自身をそのゴールに向かわせる努力をするのです。きっと皆さんも秘書検定2級合格というゴールを目指し、自分を奮い立たせ勉強に励んでいることと思います。

　本来なら「自らを勉強に向かわせる」という自発的な動機づけが望ましいのでしょう。しかし、どうしても自発的になれないというときこそ、何かに迫られている状況を利用して、

「プレッシャーをプラスの力に変えること」

が必要ではないでしょうか。
そうすれば思わぬ底力を発揮することもあるかもしれません。

PART 5
必要とされる資質

考え方が問われる

[理論] 実試験で **5問** 出題（35問中）
→すべてマークシート

秘書としての考え方について出題されます。ここまでの学習で、基本的な考え方は頭に入っているはずなので、あとは問題をたくさんこなして出題の傾向をつかみ、確実に正解を答えられるようにしましょう。

合否の分かれ目「解答と解説」にあるこのマークは、間違えやすい選択肢。注意しましょう。

1 秘書の心構え

基本的な心構え

POINT!
テキスト中のキーワードをさらっと学習しよう。とにかく問題を多く解くことが合格への近道！

🔴 職業人としての心構え

□ 4つの 自己管理	1 健康管理 ➡ 月曜日、金曜日は休まないようにする。安定した体調作りに努める。 2 時間管理 ➡ 時間厳守、先輩・上司よりも早めに出社する。 3 金銭管理 ➡ 職場における金銭の取り扱いは慎重にする。 4 精神的管理 ➡ 感情をコントロールする。好き嫌いで仕事をしない。
□ 顧客・取引先 に対する 心構え	●顧客・取引先の方を社内のどの上役よりも優先すること。 ●たとえ親しくなったとしても、仕事上の関係であることを忘れない。 ●食事などに誘われたら、上司に報告・了承を得てから行く。　　　〔節度ある言葉遣いや態度が大切！〕
□ 上司に対する 心構え	●どのようにすれば上司にとってよりよい補佐ができるかを常に考え行動する。
□ 先輩に対する 心構え	●親しくなったとしても敬語で接する。 ●「何か手伝えることはないか」という気配りを忘れない。
□ 同僚・後輩に 対する心構え	●同僚・後輩だからといって、言葉遣いや態度が雑にならないこと。　　　〔だれに見られてもよいように！〕

🔴 補佐役としての心構え

□ 機密事項を 尋ねられたら	たとえ知っていたとしても、尋ねられたら機密事項を知る立場にないことをはっきり示す。
□ 機密事項の 取り扱い	機密書類の取り扱いは、保管から破棄まで細心の注意を払う。家庭内や電車内では、仕事上のことをむやみに口にしない。
□ 社内・社外 の交友関係	機密事項については知る立場にないことを示せば、交際範囲をせばめたり、交友関係を断つ必要はない。

☐ 上司の プライバシー	●上司の行き先や出張先などは具体的に言わないこと。 ●職務上知り得た上司のプライバシー（友人関係）は外にもらさない。 ●上司の私用に関してほかの人に「私用である」とは言わないこと。	ライバル企業やマスコミが注目しているかも！
☐ 自分のミス への対応	言い訳をせずに素直に謝る。 「大変申し訳ございませんでした。以後気をつけます」 誤解であったとしたら、後日折を見て説明する。決して言い訳をしないこと。 NG「それは誤解です」	
☐ 上司のミス への対応	確認する尋ね方にする。 「私の聞き違いかもしれないので、確認させていただけますか」 上司側の指示ミスであったとしても、それを指摘する聞き方をしない。 NG「その件は週末が期限ではありませんでしたか」	
☐ 適切な 身だしなみ	●服装 ➡ センスのよい組み合わせ、色使いにする。 ●アクセサリー ➡ シンプルなものを1つだけつける。 ●化粧 ➡ 薄化粧。ノーメイクは不可。マニキュアは爪が健康に見える色にする。 ●髪形 ➡ お辞儀をしたときに、顔にかからないスタイルや長さにする。 ●靴 ➡ シンプルな中ヒールのパンプスがよい。 ＊先輩秘書の身だしなみを参考にするとよい。	
☐ 不適切な 身だしなみ	身だしなみ全体が派手な印象のものや流行を追いすぎているもの、ブランドものばかりの服装は不適切である。	

実戦問題

問題1　職業人としての心構え

次は秘書A子が、先輩として新人秘書に教えている心構えである。中から不適当と思われるものを選びなさい。

1) 仕事の所要時間を意識し、自分自身のスケジュール管理について注意を払うこと。
2) 上司に指示された仕事は正確に行うとともに、期限を守り少し余裕をもって仕上げること。
3) 仕事でかかわる人はさまざまな年代、職業の人がいるので、相手に合わせた対応を心がけること。
4) 会社の備品やコピーなど、お金がかかっていることを意識し、無駄なく大切に使うこと。
5) 急に休むことになったときは、上司でなくともだれかに連絡を入れ、有給休暇扱いにすること。

問題2　機密厳守

秘書A子の上司（部長）は出張中だが、出張先は課長とA子以外には伏せてある。そのようなとき、A子は他部署の部長から「部長は○○に行っていると聞いているが本当か」と尋ねられた。このような場合、A子は他部署の部長へどのように対応すればよいか。中から適当と思われるものを選びなさい。

1)「ご存じなら仕方がないので、ほかの人には言わないでほしい」と答える。
2)「私には答えられないので、課長に尋ねてみてはどうか」と答える。
3)「なぜ知っているのか。どこから聞いたのか教えてほしい」と答える。
4)「そのようなことを聞かれても困る。とにかく出張していることは間違いない」と答える。
5)「部長は出張中だが、くわしいことについては知らされていないのでわからない」と答える。

問題3　機密厳守

次は秘書A子が、会社の機密をもらさないために心がけていることである。中から不適当と思われるものを選びなさい。

1) 同僚たちとの雑談や社内のイベントなどにはあまり参加しないようにしている。
2) 機密書類は人に見られないよう、細心の注意を払っている。
3) 聞かれそうになったら、話題をそらすか、何気なくその場を離れる。
4) 聞かれたら「私は知る立場にありませんので、わかりません」と答える。
5) 自分が機密を扱う立場にあることを口外しない。

問題4　ミスへの対応

次は秘書A子が、上司を補佐するときの心構えである。中から不適当と思われるものを選びなさい。

1) 指示がなくとも上司に必要と思われる情報を集め、いつでも提供できるように心がけている。
2) 上司の仕事や行動、個人的な好みなどを理解することに努めている。
3) 上司からミスの指摘があったが、上司は同僚と誤解していたので「それは誤解です」と、その場ですぐ訂正するようにしている。
4) 上司から求められていないのに、自分のミスの説明や言い訳をしないようにしている。
5) 自分のミスは言い訳をせず、素直に謝るようにしている。

解答と解説

[問題1] **5）×** 病気で休むことはあるが、その対処の仕方が問題である。まず上司に了承を得なければならない。その後、連絡事項やかわりに行ってもらう仕事についてほかの人にお願いする。翌日出社したら上司やまわりの人に挨拶をするのが適切である。「有給休暇」は給与が支払われる休暇のこと。

1）○ 職業人として、まずは自分自身の時間管理が大切である。
2）○ 指示された仕事は、ぎりぎりではなく余裕をもって仕上げるとよい。
3）○ 職業人として幅広い人間関係に携わっている、という心構えが大切である。
4）○ 経費節減という考え方は金銭管理の1つでもある。

[問題2] **5）○** 上司は出張先を伏せているのだから、本当かどうか確かめられても言うわけにはいかない。4）のような言い方では、秘書としてふさわしくない。「くわしくはわからない」と言うのが適切である。

1）× これでは認めることになり、伏せておく意味がなくなる。
2）× 課長に聞いても、伏せておくことになり同じことである。
3）× これでは伏せておいた意味がなくなる。さらに他部署の部長に詰め寄ることになり、秘書としてふさわしくない態度である。
4）× 他部署の部長に対して「困る」という言い方は責任を回避している態度である。

[問題3] **1）×** 雑談することや社内のイベント（普段接する機会が少ないので）に参加することと、機密をもらすことは別問題である。社交的であるが、機密を絶対もらさないことが秘書とし重要なことである。

2）○ 機密書類＝「秘」文書なので、取り扱いについては、p.71「「秘」文書の社内での取り扱い」を参照のこと。
3）○ 聞かれそうになったら、このようにさりげなくかわすのが秘書の務めである。
4）○ 聞かれた場合は、このように答えるのが秘書として一番ふさわしい。
5）○ 口外する必要はどこにもない。

[問題4] **3）×** たとえ同僚のミスであり、上司が誤解したとしても、その場では素直にわびることが必要。後日、機会があるときに説明すれば上司もわかってくれる。

1）○ 指示がなくても行う業務の1つである。
2）○ 上司の仕事のやり方や人間性を含め、自分から進んで理解に努める。
4）○ この通りであり、求められたのなら説明する必要はあるが、言い訳はしない。
5）○ 「大変申し訳ございませんでした。以後気をつけます」と謝るのが適切である。

実戦問題

問題5　補佐役としての心構え

秘書A子の作成した資料にミスがあり、そのために会議で上司は恥をかいたと言って感情的になっているようである。このような場合、A子はどのように対応すればよいか。中から適当と思われるものを選びなさい。

1) 相手が感情的になっているときは対応のしようがないので、しばらくは何もしないでいる。
2) 素直にわびて、上司が冷静になるのを待ってから、どこが違っていたのかを尋ね、指示を仰ぐ。
3) どのようにすればミスを防げるのか、そのコツについて上司に尋ねる。
4) ミスが出た原因を冷静に説明し、二度とくり返さないようにすると謝る。
5) すぐわびて、お茶などを入れ感情をしずめ、会議の様子などを聞く。

問題6　補佐役としての心構え

秘書A子は、同期入社のB子からA子の上司が異動するといううわさを聞いた。A子はこのことについて何も聞かされていない。このような場合、A子はどのように対応すればよいか。中から適当と思われるものを選びなさい。

1) B子にそのうわさはだれから聞いたのかと尋ねてみる。
2) B子に上司は自分には何も話してくれないので、くわしく教えてほしいと頼む。
3) 上司の異動であれば、秘書課長も知っているはずなので、課長に確かめてみる。
4) 上司の異動であれば、自分にも関係することなので上司に直接確かめる。
5) 自分は知らなくとも、事実であれば上司が話すだろうから、そのままにしている。

問題7　補佐役としての心構え

次は秘書A子が、業務で行っていることである。中から適当と思われるものを選びなさい。

1) プライベートで同僚と過ごすときでも、公共の場や電車の中では仕事に関する話はむやみに口にしないようにしている。
2) 新しい上司から仕事を指示された場合は、どのようにやればよいか先輩と相談しながら進めている。
3) 仕事が終わったときに、このやり方でよかったかどうか上司に確認している。
4) 上司がA子のやり方に不満そうな場合は、当分の間様子を見るようにしている。
5) 上司が忙しくしているときは、秘書だけでもゆったりとした雰囲気を作る工夫をしている。

問題8　適切な身だしなみ

次は、秘書の服装について述べたものである。中から適当と思われるものを選びなさい。

1) 秘書は上司のお客様と応対することが多いので、女らしい服装で少し華やかなものがよい。
2) 動作を美しく見せることも大切なことなので、靴のヒールは高いほうがよい。
3) 服装は会社のイメージにも関係するので、ほかの社員と区別したほうがよい。
4) 企業にはその企業のカラーがあるので、仕事中の服装は先輩秘書を参考にするとよい。
5) アクセサリーは服装を引き立てるものなので、必ずどこかにつけたほうがよい。

解答と解説

[問題5] **2) ○**　「まずは素直にわびる」→「上司が冷静になる時間をおく」→「指示を仰ぐ」の順が適切である。
　1) × 何もしないということは、秘書として補佐業務をしないことに等しい。
　3) × コツは自分で考えたり、先輩などから助言をもらったりしながら、最終的には自分でつかむものである。上司に聞くのは不適切である。
　4) × 上司は感情的になっているので、ここで冷静に説明してもあまり意味がない。
　5) × お茶を出すのはよいとしても、感情的になっているときに会議の様子を聞くような、よけいなことはしないほうがよい。

[問題6] **5) ○**　上司の異動のことは、A子の意思でどうにかなるものではない。秘書としては、仕事に関連する重要なことではあるが、上司が話してくれるまで待つ姿勢が必要。
　1) × あくまでもうわさかもしれないので、だれから聞いたか尋ねても意味がない。
　2) × うわさが事実だとしても、上司には考えがあって話さないのだろうから、くわしく聞いても仕方ない。
　3) × うわさレベルのことを課長に聞いても仕方ない。
　4) × うわさレベルのことを直接上司に確かめることは、秘書として一番ふさわしくない態度である。

[問題7] **1) ○**　機密事項以外でも、仕事上のことはむやみに口外しない。公共の場や電車の中に取引先の人や関係者がいないとも限らない。プライベートでも秘書として場をわきまえること。
　2) × 先輩に相談するのではなく、上司に指示を仰ぐのが適切である。
　3) × 仕事に取りかかる前に、やり方については確認する必要がある。
　4) × A子の補佐の仕方に不満があるのだから、すぐに上司の希望するやり方に変える必要がある。
　5) × 上司が忙しくしているときは、秘書も機敏な行動を心がける。気持ちに余裕をもっておくことと、ゆったりと構えることは別のこと。

[問題8] **4) ○**　この通りである。先輩秘書は周囲との調和や清潔感のある服装を心得ているのだから参考にするとよい。
　1) × 上司の補佐役として働くのだから、女らしさや華やかさが求められているわけではない。
　2) × 秘書として機敏な動作は必要だが、美しく見せる必要はない。高すぎるヒールは不安定な姿勢となり、逆に平坦な靴は歩き方が雑になるので、中ヒール（3～5cm）が望ましい。
　3) × 秘書の服装は会社のイメージと関係はするが、ほかの社員と区別する必要はない。
　5) × アクセサリーはワンポイントとなり、洋服を引き立てるが、つける必要はない。大ぶりのイヤリングは電話応対の、長いネックレスはお辞儀のじゃまになる。つけ方しだいである。

2 要求される資質
秘書に必要とされる能力

POINT!

秘書としての総合的な能力を問われるので、とにかく多くの問題を解くこと！

判断力

☐ 上司が会議中で指示が必要な場合

用件を書いた**メモを渡して指示を受ける**。または上司を廊下に呼び出すメモを書いて廊下で用件を伝え指示を受ける。
NG 小声で上司に話しかけたり耳打ちしてはいけない。

☐ 上司から取り次がない指示があっても取り次ぐ場合

手順1 よけいなことは言わず「少々お待ちください」と言い、待ってもらう。

少々お待ちください

手順2 上記「上司が会議中で指示が必要な場合」と同様、上司に伝える。
手順3 上司の指示通りに対応（下記の場合は基本的に取り次ぐ）
　　＊社内の緊急事態、家族の緊急事態
　　＊（短時間ですむ）取引先の転任・着任の挨拶
　　＊紹介状を持参した来客
　　＊上司の上役（取締役など）からの呼び出し
　　＊めったに会えない人（恩師・親友など）の来訪

2 要求される資質　秘書に必要とされる能力

□ 面会予約が行き違った場合	どちらの間違いか指摘しても意味がない。まずおわびをして、相手の希望日を二、三聞いておく。その後、上司と調整し、相手に連絡する。
□ 上役から仕事を依頼された場合	上司（部長）の上役（常務）や他部署の上役から仕事を依頼されたときはいったん引き受ける。その後、上司に報告・了承を得てから取りかかる。 **NG**「私は部長の秘書なので、常務から部長に話してもらえますか」

人間関係調整力

□ 新しい上司と前任上司のやり方が違う場合	まずは新任上司の理解に努める。前任秘書からアドバイスをもらう。 （どのような点に注意して補佐すればよろしいでしょうか）
□ 上司の性格について尋ねられた場合	よい面だけ話す。 （私の知る限りでは～のような方です）
□ 上司とあまり仲のよくない社内の人の場合	これ以上仲が悪くならないよう公平に接する。 （2人の間の調整役になれるよう心がける）
□ 社内のうわさ話をされた場合	基本的に聞き流す。もしくは取り合わないこと。 **NG** うわさなのに情報収集しようとする態度はいけない。うわさに対してコメントしてはいけない。

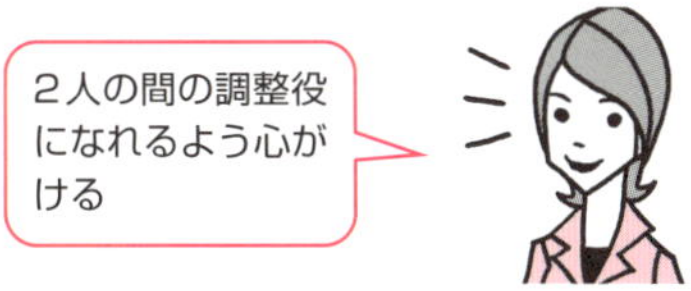

☐ 他部署の人から手伝いを頼まれた場合	急ぎの仕事もなく、手伝えるなら、上司に了承を得てから手伝う。ただし、上司不在の場合は代理の人に了承を得ること。
☐ 先輩や同僚に手伝いを頼む場合	事前に上司の了承を得ておくのが基本。その上先輩や同僚の仕事の状況を尋ねてから依頼すること。

理解力・洞察力

☐ 上司の「よろしく頼む」を理解する	急用で上司が「あとのことはよろしく頼む」と言って外出した場合、それ以降のスケジュールをうまく調整する必要がある。もしもその間に面会の予定などが入っていた場合は、下記の流れで対応する。

〈基本的な手順〉

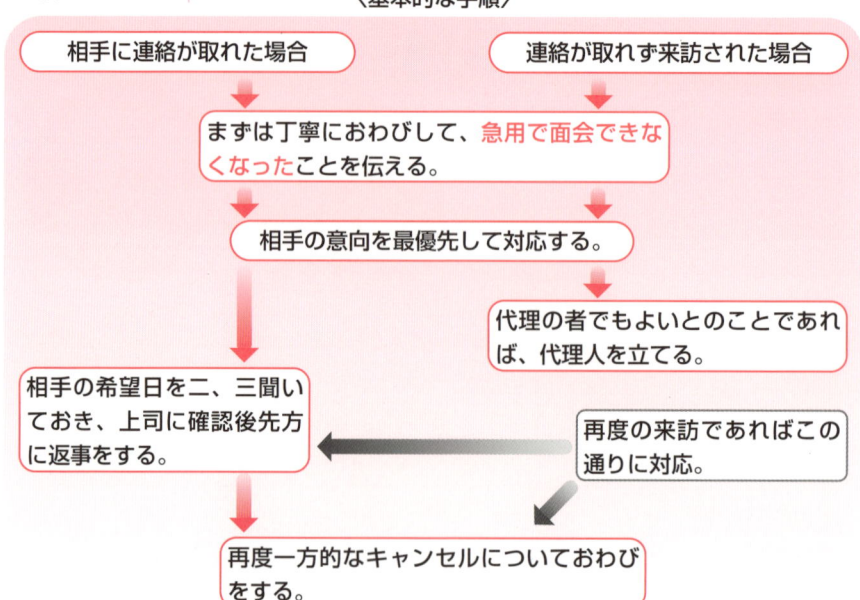

【相手に連絡が取れた場合】　　【連絡が取れず来訪された場合】

→ まずは丁寧におわびして、急用で面会できなくなったことを伝える。

→ 相手の意向を最優先して対応する。

→ 代理の者でもよいとのことであれば、代理人を立てる。

→ 相手の希望日を二、三聞いておき、上司に確認後先方に返事をする。 ← 再度の来訪であればこの通りに対応。

→ 再度一方的なキャンセルについておわびをする。

2 要求される資質　秘書に必要とされる能力

□ 上司の「あれ」「あの」「例の」を理解する	上司はいつもくわしく説明したり指示したりするとは限らない。洞察力を働かせて上司の意向を正確に理解することが求められる。 ● 話の流れから上司の言いたいことを推測する。 ● 話の前後から上司の言いたいことを推測する。 　➡ その後必ず「～でございますね」と確認すること。 ● 普段から上司が手がけている仕事内容、進行具合を把握しておく。 ● 普段から上司の仕事の優先課題を知っておく。 ● 普段から上司の指示の次を予測できるようにしておく。

～でございますね

情報収集力

□ 情報収集の仕方	● 上司の仕事に必要と思われる情報を見極める。量より質が優先。 ● 最新の情報を収集する。 ● 仕事以外の情報（評判になっている食品や商品など）にも敏感になっておく。 ● 上司にいつ求められてもすぐ提供できるようにしておく。
□ 上司への情報提供の仕方	● 上司が必要なときにタイミングよく提供する。 ● さほど重要とは思われない情報でも、上司に知らせておいたほうがよいと思われるものは進んで提供する。 ● 自分の憶測や感想を除いて、事実だけを提供する。感想や意見を求められたら事実と分けて話す。

あくまで個人的な意見ですが

取引先に何か送りたいのだが

175

実戦問題

問題1　秘書に必要とされる能力

次は秘書A子が、業務で行っていることである。中から適当と思われるものを選びなさい。

1) 新しい上司は、前任の上司に比べ効率を優先しないので、秘書業務がスムーズに行えないことを、それとなく伝えるようにした。
2) 新しい上司について数か月がたったが、まだ上司の望むような補佐ができていないと感じたので、前任の秘書からアドバイスをもらった。
3) 新しい取引先の担当者から、上司の性格面について尋ねられたので、自分の素直な印象を述べた。
4) 最近上司は忙しく、いくつも指示が重なることがあり、秘書としては困ることを素直に伝えた。
5) 上司から厳しく注意を受けたが、それは上司の誤解によるものなので、はっきりとその場で誤解であると伝えた。

問題2　秘書に必要とされる能力

秘書A子の上司が会議中、面談の予約がある客が、予定よりも10分早く訪れた。A子は来客を応接室に通してお茶を出したが、会議が長引いて上司は20分たっても戻ってこない。A子は来客にわびてから、どのように対応したらよいか。中から不適当と思われるものを選びなさい。

1) 「会議がまだ終わっていないが、もう少し待ってもらっても次の予定に差し支えないか」と尋ねる。
2) もう少し待ってもらえるか確認し、お茶を入れ替え、上司に来客のことをメモで知らせる。
3) 「会議がまだ終わらないので、自分がかわりに用件を聞いてから上司に伝えようか」と言う。
4) 「もう少し待ってもらえないか」と頼み、お茶を入れ替え、雑誌や新聞などをすすめる。
5) 「会議がまだ終わらないが、もしよろしければ代理の者を手配するがどうか」と言う。

問題3　秘書に必要とされる能力

秘書A子の上司が来客と面談中、上司の親友でK氏が突然来社し、近くまで仕事で来たので会えないかと思い寄ってみたという。上司はこのあともスケジュールに余裕はない。このような場合、A子はどのように対応したらよいか。中から適当と思われるものを選びなさい。

1) 親友でもあり、わざわざ訪ねてきてくれたのだから、来客中ではあるがメモで上司に知らせてみる。
2) 上司のスケジュールがいっぱいであることを、親友であれば正直に告げて帰ってもらう。
3) 来客が帰るまで待ってもらい、来客が帰ったらすぐ上司に取り次ぐ。
4) K氏の用件は私用で予約もないので、上司の時間が空くまで応接室で待ってもらう。
5) 上司の親友ではあるが、予約がないとすぐには取り次げないので、改めて予約をお願いする。

解答と解説

[問題1] **2）○** 上司が望むような補佐を考えることが大切。アドバイスをもらうことは適切である。

- 合否の分かれ目 1）× たとえ新任上司が効率を優先しなくとも、それに対応しながら補佐業務をするのが秘書である。
- 3）× 上司の性格面を尋ねられたら、よい面（たとえば「周囲の人からは温厚な人柄と言われております」など）だけを伝えるのが一般的。
- 合否の分かれ目 4）× 指示が重なるほど忙しい上司だからこそ、補佐する秘書が必要なのである。上司の要望に対応するのが秘書である。
- 5）× たとえ上司の誤解であっても、その場でわび、上司が冷静になる時間をおいてから伝えたほうが効果的である。

[問題2] **3）×** 来客側から「待てないので、用件を伝言していく」という申し出があったのならわかるが、伝言できない内容もあるので、用件を聞いて伝えるという言い方は不適切である。

- 1）○ 来客の先の予定まで配慮するという、秘書として望ましい気遣いである。
- 合否の分かれ目 2）○ 上司に来客のことをメモで知らせるのは適切なやり方である。
- 4）○ お茶を入れ替えたり、雑誌や新聞をすすめたりするのは適切な対応である。
- 5）○ 代理の者を立てるのも1つの方法である。

[問題3] **1）○** 親友とわかっているのだから、画一的な対応ではなく、上司に確認し、指示をもらう必要がある。

- 2）× 正直に告げて帰ってもらうのでは、秘書としてむげに断ることとなり不適切。
- 3）× スケジュールに余裕がないのだから、待ってもらっても取り次げない。
- 4）× いくら私用で予約がなくても、会える時間まで待ってもらうのは相手に対して失礼である。
- 5）× 予約がないからとすべて断るのでは、融通が利かなすぎる。

実戦問題

問題4　秘書に必要とされる能力

秘書A子は常務との打ち合わせから戻った部長から「しばらくの間、電話や来客は取り次がないでもらいたい」と言われた。次は、このような場合にA子が行ったことである。中から不適当と思われるものを選びなさい。

1) 部長に相談したいことがあるが都合はどうかという課長に「すぐには無理なので、後ほど確認して連絡する」と言った。
2) 部長につないでほしいと内線電話をかけてきた常務に「先ほどの打ち合わせの件であればつなげる」と言った。
3) 部長に急ぎではないが確認したいことがあるという取引先の電話に「席をはずしているので、後ほどこちらから連絡させてもらう」と言った。
4) 部長に今呼ばれたと言ってやってきた課長に「少々お待ちください」と言い、部長に確認してから通した。
5) 部長はいるかと訪ねてきた部長の旧友に、せっかくいらっしゃったので、「都合を聞いてみるので少し待ってほしい」と言った。

問題5　秘書に必要とされる能力

次は、秘書A子が業務で行っていることである。中から適当と思われるものを選びなさい。

1) 新規の取引先の部長から、上司の性格について尋ねられたので、秘書としてありのままの姿を伝えた。
2) 今の上司は前の上司と仕事のやり方が違うので、そのことを先輩秘書に相談した。
3) 上司は仕事の期限に厳しい人なので、仕上がった内容よりも期限を優先して仕上げている。
4) 仕事が期日中に終わらない場合は、期日を守ることを最優先し、同僚に手伝ってもらう。
5) 仕事が期日中に終わりそうにもない場合は、それがわかった時点ですぐに上司に指示を仰いでいる。

問題6　秘書に必要とされる能力

次は、秘書A子が業務で行っていることである。中から不適当と思われるものを選びなさい。

1) 広報部の部長から、広報誌の作成を手伝ってほしいと頼まれたので、少し待ってもらい、上司に了承を得てから引き受けた。
2) A子は二人の上司の秘書として仕事をしているので、二人に対し、平等に公平に補佐するようにしている。
3) A子は二人の上司の秘書として仕事をしているが、指示が重なる場合は、二人の上司に話し合ってもらうようにしている。
4) A子の上司は一度に複数の指示を出すので、そのつど緊急度や重要度を考え、優先順位を上司に確認している。
5) 上司から会議中は電話も来客も取り次がない指示があったので、基本的に「会議中です」という対応をしている。

解答と解説

[問題4] **2）×** 電話や来客は取り次がないようにと言われていても、相手や用件により的確に対応することが大切である。常務からの電話なのだから、状況から判断してつないだほうがよいだろう。つなぐのであれば、常務に用件を確認する行為は秘書として不適切である。
1）○ 社内の者であれば、このように対応する。
3）○ 社外の人でも、緊急でなければあとで連絡する対応になる。
4）○ 今呼ばれたのだから、基本的にはすぐ通すが、念のために確認する。
5）○ 突然の訪問だが、旧友であれば融通を利かせて、部長に声をかけるのが秘書としての対応である。

[問題5] **5）○** 「わかった時点」「すぐに指示を仰ぐ」ことが適切。
1）× 上司の性格を尋ねられたときは「よい面だけを話す」こと。「私の知る限りでは〜のような方です」という言い方が適切である。
2）× 先輩秘書に相談する前に、自分が「上司に合ったやり方」に変えるのが先である。やり方を変えても上司の満足度が低かったら相談することもある。
3）× 期日に厳しい人であれば、余裕をもって仕上げるぐらいの心がけが必要である。内容も期日と同様に大切なものなので、おろそかにはできない。

合否の分かれ目
4）× 期日を守ることは大切なことだが、その仕事はA子が引き受けた仕事なのだから、ほかの人に手伝ってもらう場合は必ず上司の了承が必要である。

[問題6] **3）×** 2人の上司についている場合は、指示が重なることもあるだろう。そのときは、基本的には受けた順番で行うが「今○○をしていますので、そのあとでもよろしいでしょうか」など、両上司の仕事に差し支えない配慮が必要である。
1）○ 秘書の判断で勝手に引き受けてはいけない。必ず上司に了承を得てから取りかかる。
2）○ この通りである。仲が悪い場合などは、それ以上悪化しないよう配慮する。
4）○ 秘書なりに緊急度、重要度を考え、その順番でよいか上司に確認すること。
5）○ 基本的にはこの対応でよい。決して「取り次がないように言われている」と言ってはいけない。

実戦問題

問題7 秘書に必要とされる能力

秘書A子の上司を訪ねて取引先のY部長が来訪した。上司は外出中だが、Y部長は、この時間に約束していると言う。A子は上司からこのことを何も聞かされていない。このような場合A子の対応で<u>不適当</u>と思われるものを選びなさい。

1) 「わざわざ来てもらったのに大変申し訳ない」とおわびをし、どのようにするかY部長の意向を尋ねる。
2) 「上司からは何も聞いていなくて大変申し訳ない」と言って、上司が戻ったらすぐに連絡させると言う。
3) 「行き違いがあったようで大変申し訳ない」とおわびし、せっかく来ていただいたので、代理の者ではどうかと尋ねてみる。
4) 「わざわざ来てもらって大変申し訳ない」とおわびし、次回Y部長が希望する日時を二、三聞いておく。
5) 「大変失礼なことをして申し訳ない」とおわびし、あと15分ほどで上司は戻るので、待てるかどうか尋ねる。

問題8 秘書に必要とされる能力

秘書A子が上司からの指示で、明日午前10時からの会議に使う資料を作成している。間もなく終業時刻の5時になるが意外に手間どり、あと3時間はかかりそうである。このような場合、この資料作成をどのようにして間に合わせるのがよいか。次の中から<u>不適当</u>と思われるものを選びなさい。

1) 今日中に全部仕上げると遅くなるので、明日は点検をすればよい程度まで終わらせてから帰る。
2) 手間どる仕事であっても、自分が指示された作成なのだから、残業をして今日中に全部仕上げてしまう。
3) 5時頃までに終わる予定が意外に手間どって終わらないが、どのようにしたらよいか、上司に話して指示を得る。
4) 先輩に、明日の10時の会議に使う資料作成が終わらないが、このような場合どうすればよいかと相談する。
5) 指示された仕事は責任をもってしなければいけないので、同僚に事情を話し内緒で手伝ってもらい、今日中に仕上げる。

問題9 秘書に必要とされる能力

次は部長秘書A子が、日常業務で行っていることである。中から<u>不適当</u>と思われるものを選びなさい。

1) 上司から会議中は取り次がない指示が出ていたが、紹介状を持参した来客があったので、そのことをメモで伝えた。
2) 上司は会議中だが、どうしても上司の判断が必要になったので、メモで廊下に呼び出し用件を伝えた。
3) 上司の上役である常務から仕事を頼まれたら「常務から部長にお話し願えますか」と言う。
4) 上司が「例のこと」と言ったら、話の前後から推測し「〜のことでございますね」と確認している。
5) 上司へ情報を提供するときは自分の憶測は除き、事実だけを提供している。

2 要求される資質　秘書に必要とされる能力

解答と解説

[問題7] **2）×**　行き違いを上司のせいにしてはいけない。上司が戻ったらすぐに連絡するのは当然のことである。

1）○ まずはおわびをする。そしてこのように相手の意向に沿って対応する。
3）○ このように代理の者でも可能かどうか提案してみるのも1つの方法である。

合否の分かれ目
4）○ このように、希望日を二、三聞いておくのが一番よい。その後、上司に報告し、調整し相手へ連絡する。その際に再度おわびをする。
5）○ 15分ほどで戻るのであれば、待てるかどうか尋ねてみる。

[問題8] **5）×**　時間外なので、手伝ってもらうとしたら上司に許可を得なくてはいけないので不適当。許可がないのであれば、自分1人で責任をもって最後まで終わらせるしかない。

1）○ 明日10時に必要なのであれば、この程度すませていれば大丈夫だろう。
2）○ 仕上げるには残業も致し方ないだろう。
3）○ 上司に事情を話し、指示を得るのも1つの方法である。
4）○ 先輩に相談するのも1つの方法である。

[問題9] **3）×**　このように秘書が常務に指示をするような言い方は不適切。常務からの仕事はいったん引き受け、その後、上司に報告し了承を得てから取りかかるのが適切。

1）○ 一般的には紹介状を持参する場合、予約を入れてから来るが、紹介者や内容によっては上司に取り次ぐ必要があるのでメモで伝えるのは適切。
2）○ 上司を呼び出さざるをえないときは、必ずメモで呼び出すこと。
4）○ このように推測し、さらにそれが合っているのか確認する必要がある。
5）○ 基本的に事実のみを伝える。意見や感想は上司から求められたときだけにする。

COLUMN

自分管理術 5

プレッシャーをマイナスに感じてしまったときは？

　前述の「コラム自己管理術4（p.164）」で、「プレッシャーというものを、自分にとってプラスに働くように使ってほしい」と言いました。とはいえ、マイナスにしか働かないという方もいるでしょう。

　たしかに私にもプレッシャーがマイナスにしか作用せず、悪循環に陥るときがあります。「期限が迫っている→やらなければならない→でもできていない→でも期限が迫っている→だからやらなければいけない」という堂々巡りが続いたら要注意です。
　そんなとき私は、パソコンに向かっている仕事姿勢とはまったく異なった姿勢をあえて取り入れています。たとえば、仕事姿勢は「座り姿勢」なので、その逆の「歩く姿勢」を取り入れます。あくまでも「歩くこと」をメインにし書店へ足を運んだりもします。またアロマオイルを焚いて嗅覚から違う刺激を取り入れたりもします。

　皆さんも勉強に疲れたりプレッシャーをマイナスに感じたりしたときは

> "勉強とはまったく異なった刺激"

を取り入れてみてください。それは五感（視覚、聴覚、嗅覚、味覚、触覚）のどれでもよいと思います。私がアロマオイル＝嗅覚の力を借りて異なった刺激を取り入れているのは、五感の中で嗅覚がもっとも感情面に訴える力があるといわれているからです（参考文献『嗅脳』鳥居鎮夫著　イーハトーヴフロンティア刊）。

　自分の力で何とかしようと思うことも大切ですが、プレッシャーを感じているときこそ、色々な手助けや力を借りて乗り切ることが大切だと思います。皆さんに合った心地よい刺激が見つかるといいですね。

模擬問題

合格基準

必要とされる資質（5問）、職務知識（5問）、一般知識（3問）→合計13問
正解率60%で合格→8問正解が合格の目安

マナー・接遇（12問〈記述2問含む〉）、技能（10問〈記述2問含む〉）→合計22問
正解率60%で合格→14問正解が合格の目安

〈模擬問題を解くポイントと注意点〉

1. 模擬問題は本試験と同様35問あります。どの科目から解答してもかまいません。
2. 2級の試験時間は2時間です。本番のつもりで時間を計って行いましょう。
3. 受験者の多くが、試験時間はたっぷりあったと感じるようです。見直す時間が取れるので、問題文、選択肢をあせらずにしっかりと読むよう心がけましょう。
4. 選択問題で答えに迷ったら、次の問題へ進みましょう。たいていの人は見直す時間が取れるので、そこでじっくりと考え、解答できます。ただし本試験はマークシートなので、チェックする箇所がずれないよう細心の注意を払いましょう。
5. 記述問題は書かないと採点されません。確信がもてなくても、解答欄はすべてうめるようにしましょう。
   その他については、7ページの「問題を解く際の注意点」でふれているので、再確認してください。

合否の分かれ目 「解答と解説」にあるこのマークは、間違えやすい選択肢。注意しましょう。

選択問題

理論　必要とされる資質 ……選択5問

問題1
[秘書に必要とされる能力：取り次がない指示]

秘書A子の上司は、会議に出席していて午前中いっぱいかかる。そのような折、取引先のY部長から上司に急に相談したいことができたので今日の午後いつでもよいので伺いたいと連絡があった。A子は上司から会議中の取り次ぎはしないようにと言われている。このような場合、A子はY部長に上司は不在と言ってから、どのように対応すればよいか。次の中から不適当と思われるものを選びなさい。

1) 所要時間を尋ね、「急なお話なので上司の都合によってはかわりの者になってもよいか」と確認した。
2) 「会議が終わりしだい、上司に確認を取り連絡をする。何時頃までの連絡ならよいか」と確認した。
3) とりあえず午後の上司の空いている時間を伝え「正確な時間は上司に確認を取ってから連絡するが、それでよいか」と言った。
4) とりあえず午後の上司の空いている時間を伝え「急いでいるようなので上司にその時間待っているように頼んでおく」と言った。
5) 急いでいることなので「伝えておくので時間は後ほど連絡する」と言う。

問題2
[基本的な心構え：ミスへの対応]

次は、秘書A子が上司を補佐するときの心構えである。中から適当と思われるものを選びなさい。

1) 上司からミスの指摘があったので「それは誤解です」と自分のミスではなく同僚のミスであると訂正している。
2) 上司が電話で会社までの道順を説明していたが、明らかに間違った目印を言っていたので「それは違います」とひと声かけてあげた。
3) 上司からミスの指摘があったが、それが誤解であってもその場では素直にわびるようにしている。
4) 上司が仕上げてほしいと指示があった書類の期限を今日と勘違いしているので「今日中ではありません」と訂正している。
5) 上司は部下との話の中で、明らかにA社の話をB社のことと勘違いして話しているので、部下との話が終わってから上司に訂正をしている。

問題 3　　　　　　　　　　　　　　　　　　［秘書に必要とされる能力：急な日程調整］

　秘書A子の上司（部長）は外出中で、午後1時に帰社予定となっている。そこへ上司から、急用で取引先へ行くことになり戻りは4時頃になるという連絡が入った。次はこの際にA子が上司に尋ねたことである。中から不適当と思われるものを選びなさい。

1) 4時からの部内会議は、課長と相談して4時半からの開始に変更しようか。
2) 3時に約束のある来客は、連絡をして日時を変更してもらうか、課長に対応をお願いしようか。
3) 午後、課長が稟議書を持ってくると言っていたが、それは明日にしてもらおうか。
4) 2時からの本部長との打ち合わせは、事情を話して変更してもらおうか。
5) 夕方からのF部長との会食は予定通りでよいか。

問題 4　　　　　　　［秘書に必要とされる能力：上司から聞かされていないことへの対応］

　秘書A子の上司は営業所へ外出中で3時頃戻る予定である。そこへ取引先のY部長が「2時に上司から資料を受け取ることになっていた」と言って訪れた。A子はこの予定について何も聞かされていない。このような場合、Y部長に上司は外出していると言ってから、どのように対応すればよいか。次の中から適当と思われるものを選びなさい。

1) 迷惑をかけて申し訳ないと言ってわび、すぐに上司の外出先へ連絡をするので待っていてもらえないかと尋ねる。
2) 迷惑をかけて申し訳ないと言ってわび、上司が戻ったらすぐに確認して連絡をするということではどうかと尋ねる。
3) せっかく来てもらったのに申し訳ないと言ってわび、資料の受け渡しは今日中でないといけないかと尋ねる。
4) 申し訳ないと言ってわび、上司と直接受け渡したほうがよいので3時すぎなら戻るのでそれ以降ではどうかと尋ねる。
5) 申し訳ないと言ってわび、私でもわかる資料であればさがすので、どのような資料か教えてほしいと言う。

問題 5　　　　　　　　　　　　　　　　［秘書に必要とされる能力：上司出張中の社内外の対応］

秘書Ａ子の上司（部長）は、毎年この時期に行われる各地の販売店回りのため１週間出張している。明日戻る予定である。次は、出張中に社内、社外の人から言われたことに対するＡ子の応対の仕方である。中から不適当と思われるものを選びなさい。

1) 課長から連絡を取りたいと言われて
「明日はＢ販売店の予定となっていますので、Ｂ販売店の連絡先をお教えいたしましょうか」
2) 専務から、Ｗ社との取引について確認したいことがあると言われて
「部長は定例の販売店回りで出張中で、明日戻ります。急ぎであれば課長がおわかりになると思いますが、いかがいたしましょうか」
3) 上司の親しい友人から連絡を取りたいと言われて
「戻りは明日になりますが、明日では遅いとのことであれば宿泊先をお教えいたしましょうか」
4) 他部署の部長から、報告したいことがあると言われて
「戻りは明日になりますが、それでもお差し支えないでしょうか」
5) 取引先の人に数日上司を見かけないがと聞かれて
「ただ今出張しておりまして、明日には戻る予定となっております。何か承ることがございますでしょうか」

理論　職務知識　……選択５問

問題 6　　　　　　　　　　　　　　　　　　　　　　　　［秘書の業務：非定型業務］

秘書Ａ子が受付中、本日の14時の予約客が上司と面談のため、午後４時、つまり16時に来社した。この予約は新人Ｂ子が受け、確認しなかったようである。上司は外出してしまっている。このような場合、上司は外出中とわびたあと、どのように対応するのがよいか。中から適当と思われるものを選びなさい。

1) 16時（午後４時）を14時と受けた新人の間違いのため、許してほしいと謝罪する。
2) こちらの予定では14時になっているが、用件によってはほかの者が対応するのはどうか。
3) こちらの予定では14時になっているので、待っていたが来訪されないので上司は外出してしまった。

4) こちらの予定では14時になっていて、上司は外出してしまったので、改めて来てもらえないか。
5) こちらの予定では14時になっているので、急ぐ用件ならば二、三日中の予約をまた取り直そうか。

問題 7
[秘書の業務：マスコミへの対応]

秘書A子の上司が外出中に、新聞社から電話があり「連載が読者に好評なので、あと1年続けてほしい」との依頼があった。A子は上司が最近業務が多忙な上に体調もすぐれないことを知っていた。このような場合、A子は電話にどのように対応すればよいか。次の中から適当と思われるものを選びなさい。
1) 読者に好評とのことであれば一応受けておき「上司に念のために確認してみる」と言う。
2) 連載の内容や条件などを尋ね「後ほど返事をさせてもらう」と言う。
3) 改めての依頼ということで「上司に直接連絡してほしい」と言う。
4) 最近仕事が忙しそうなので「無理かもしれないがそれでもよいか」と言う。
5) 「実は最近体調がすぐれないので、その点を配慮してもらえるならば検討する」と言う。

問題 8
[秘書の機能と役割：秘書としての基本姿勢]

秘書A子は上司（部長）から返信はがきを「参加」で出しておいてほしいと頼まれた。返信はがきの日時を見るとその日は部長会の予定がすでに入っていた。このような場合、A子はどのように対応したらよいか。次の中から適当と思われるものを選びなさい。
1) A子に知らされないのは、それなりの理由があるのだろうから参加で出しておく。
2) 上司が部長会を欠席しても参加と決めたのだから、部長会は欠席との連絡を入れておく。
3) A子には知らされていなくとも課長なら知っているはずなので、返信はがきをどうするか課長に話してみる。
4) 知らされていなくとも、スケジュール管理は秘書の仕事なので、上司に確認してみる。
5) 上司にそれとなく、なぜ参加するのか尋ね、それによって部長会の出欠を決める。

問題 9　　　　　　　　　　　　　　　　　　　　［秘書の機能と役割：秘書と上司の関係］

次は秘書Ａ子が、上司を補佐する上で日頃から心がけていることである。中から不適当と思われるものを選びなさい。
1) 上司のプライベートなどにはあまり立ち入らないようにしているが、社外で所属している団体などは知っておいたほうがよい。
2) 上司は黙って離席することが多いので、必ず行き先と戻る時間を自分に知らせてほしいと伝えている。
3) 上司が作成した書類に日時の間違いがあった場合には、念のため上司に確かめてから訂正している。
4) 日頃から、上司の性格、趣味、食事の好みなどを知っておき、補佐業務に役立てている。
5) 上司の健康については日頃から気をつけ、定期健康診断などが受診しやすいスケジュールを組んでいる。

問題 10　　　　　　　　　　　　　　　　　　　　　　　　［秘書の業務：非定型業務］

次は専務秘書Ａ子が、上司の外出中に行ったことである。中から不適当と思われるものを選びなさい。
1) 取引先からの面談申し込みには、希望日を二、三聞き、返事は上司に確認した上で、こちらから連絡すると答えた。
2) 上司に急いで見てもらいたいと部下が稟議書を持ってきたので、稟議書を預かり、上司が戻ったらそのように伝えると答えた。
3) 久しぶりに上京したという上司の友人から電話があったので、宿泊先と滞在日程を尋ね、上司に伝えておくと答えた。
4) 他部署の部長から、明日上司と至急打ち合わせをしたいと言われたので、至急ならば直接上司と連絡を取ってみたらどうかと答えた。
5) 上司の家族から電話があったときは、内容は尋ねずに、上司が戻ったら電話をするように伝えると答えた。

理論　一般知識　……選択3問

問題 11　　　　　　　　　　　　　　　　　　　［企業会計・財務・法務の知識］

次は、直接関係ある用語の組み合わせである。中から<u>不適当</u>と思われるものを選びなさい。

1）子会社　　　── 連結決算
2）債権　　　　── 貸付金
3）不渡り　　　── 約束手形
4）社債　　　　── 資金調達
5）減配　　　　── 抵当

問題 12　　　　　　　　　　　　　　　　　　　　　　　　［カタカナ用語］

次は、用語とその意味の組み合わせである。中から<u>不適当</u>と思われるものを選びなさい。

1）フロンティア　　　＝　統率力
2）キャパシティー　　＝　収容能力
3）ポテンシャリティー ＝　潜在力
4）アビリティー　　　＝　能力
5）プレッシャー　　　＝　圧力

問題 13　　　　　　　　　　　　　　　　　　　　　　　　　［時事用語］

次は、用語とその意味の組み合わせである。中から<u>不適当</u>と思われるものを選びなさい。

1）PKO　　　＝　国連平和維持活動
2）行政改革　＝　選挙システムの改革
3）円高　　　＝　円の価値が上がる
4）PL法　　　＝　製造物責任法
5）公的資金　＝　国家の運営資金

189

実技 マナー・接遇 ……選択10問

問題 14 ［秘書と人間関係］

　秘書A子の上司がS専務にかわった。S専務は前の上司とは仕事のやり方も違うので戸惑うことが多い。このような場合、A子はS専務に対しどのように対応するのがよいか、次の中から不適当と思われるものを選びなさい。
1）今までの補佐の仕方はやめ、S専務の性格や好み、仕事のやり方に合わせてみる。
2）S専務の仕事のやり方に慣れるまでは、そのつど確認したり尋ねたりしながら進めていく。
3）S専務の前任の秘書から、補佐の仕方で特に注意することなどを教えてもらい対応する。
4）S専務には、慣れるまで迷惑をかけると思うが努力していくので、何かあったら注意をしてほしいとお願いする。
5）まずは前上司のときと同じ対応をし、S専務から何か言われたらそのつど仕事の仕方を変えるようにする。

問題 15 ［報告の仕方］

　次は秘書A子が、上司に報告するときに心がけていることである。中から不適当と思われるものを選びなさい。
1）報告する内容を伝える前には、今時間はよいかと尋ねるようにしている。
2）急ぎではない報告については、頃合いを見て伝えるようにしている。
3）上司が報告内容についてわかりにくい様子のときは、また別の機会に報告している。
4）報告する事柄がいくつかある場合は、その数を言ってから報告するようにしている。
5）報告する内容を伝え終えたら「以上でございます」と言うようにしている。

問題 16　　　　　　　　　　　　　　　　　　　　　　　　　　　　　　［断り方］

　秘書Ａ子の上司は友人からの頼まれごとが多く、時には断らなければならないこともある。このような場合Ａ子が心がけていることである。中から不適当と思われるものを選びなさい。
1）引き受けられないことを伝え、相手に期待を抱かせないようにしている。
2）あらかじめ上司と打ち合わせをして、代案などを示すようにしている。
3）事務的に対応すれば相手はわかってくれるので、なるべくそうしている。
4）なぜ上司が引き受けられないか、理由や事情をはっきり伝える。
5）頼むほうにも言い分はあるので、最後まできちんと聞くようにしている。

問題 17　　　　　　　　　　　　　　　　　　　　　　　　　　　　　　　［敬語］

　次は、常務秘書Ａ子が言ったことである。中から言葉遣いが不適当と思われるものを選びなさい。
1）部長秘書に、部長に伝えてもらえないかと言うとき
　「お手数ですが、部長へお伝え願えませんでしょうか」
2）上司にＹ部長からこの資料を預かってきたと言うとき
　「Ｙ部長からこちらの資料をお預かりになりました」
3）部長に上司から聞いていないかと尋ねるとき
　「常務からお聞きになっていらっしゃいませんでしょうか」
4）上司に来週の出張に変更はないかと尋ねるとき
　「来週のご出張に変更はございませんでしょうか」
5）部署違いの来客に、向こうの受付で尋ねてもらえないかと言うとき
　「あちらの受付でお尋ねいただけますでしょうか」

問題 18 ［接遇用語］

次は、鈴木部長の秘書Ａ子の言葉遣いである。中から適当と思われるものを選びなさい。

1) 出張から戻った上司に対して
「部長、ご出張、ご苦労様でした」
2) 来客のお茶を入れ替えるときに
「いったんお茶を下げます」
3) 取引先の部長が取締役になったので挨拶に来たことに対して
「このたびはよろしかったですね」
4) 取引先に電話をして
「山田がそちらにおじゃましていますでしょうか」
5) 名前を言わない来客に対して
「失礼ですが、お名前をおっしゃっていただけますか」

問題 19 ［電話応対の実際］

次は秘書Ａ子が、電話応対のときに心がけていることである。中から不適当と思われるものを選びなさい。

1) 相手の声が小さく雑音で聞き取りにくいときは、こちらからかけ直すか相手にかけ直すかしてもらっている。
2) 調べものなどで相手を長く待たせるときは、途中で「お待たせいたしており申し訳ございません」などとひと声かけるようにしている。
3) 電話でのやりとりは声の表情も大切なので、お礼を述べるときはお辞儀をしながら話している。
4) 伝言を頼むときは、自分の名をもう一度名乗り相手の名前も聞くようにしている。
5) 上司がほかの電話に出ているときは、相手の用件を聞いておき、改めて電話をもらうようお願いしている。

問題20

[接遇の実際]

一般的に上座にあたるのはどこか。次の中から不適当と思われるものを選びなさい。

1) 会議室では入口から最も遠い奥の席
2) 応接室ではソファーか入口から最も遠い奥の席
3) タクシーでは運転手の後ろの席
4) 列車では進行方向に向いた窓側の席
5) 和室では床の間が正面に見える席

問題21

[慶事・パーティーのマナー]

次は秘書A子が、パーティーに出席するときに行ったことである。中から不適当と思われるものを選びなさい。

1) 服装について招待状に明記されていないときは、開始時間帯などから判断するか、主催者に確かめるようにしている。
2) カクテル・パーティーでは、アルコールが主体ではあるが、服装の指定や席次が決まっているので、それに合わせている。
3) パーティーに参加するときは、荷物はクロークに預け、会場内に持って入るのは小さいバッグ程度にしている。
4) ブッフェ・パーティーでは立食形式なので、なるべく多くの人と自由に懇談するよう心がけている。
5) ブッフェ・パーティーでは、料理を自由に取ることはできるが、1枚の皿に少しずつ取り、食べ残しがないようにしている。

問題22 [弔事のマナー]

次は秘書A子が、弔事に関して後輩秘書に指示したことである。中から<u>不適当</u>と思われるものを選びなさい。
1) 香典の金額は社内の前例に従い、上司に確認するようにと言う。
2) 取引先の訃報は、社内の関係者に素早く連絡するようにと言う。
3) 供物や供花は通夜に届くように手配するようにと言う。
4) 上司の代理で葬儀に参列した場合は、受付で上司が参列できない理由を述べるようにと言う。
5) 香典袋は上司の名前のほか、会社名と役職も書くようにと言う。

問題23 [贈答のマナー]

次は、上書きとそれが使われるときの組み合わせである。中から<u>不適当</u>と思われるものを選びなさい。
1) 寸志　　＝　訪問時の手土産のとき
2) 贈呈　　＝　人に物を差し上げるとき
3) 祈御全快＝　入院された方へのお見舞いのとき
4) 薄謝　　＝　一般的なお礼のとき
5) 御祝儀　＝　祭礼への心付けのとき

実技　技能　……選択8問

問題24 [会議]

次は秘書A子が、会議などの場を設営するときに行っていることである。中から<u>不適当</u>と思われるものを選びなさい。
1) 出席者が多い場合の記録係の席は、発言者の顔が見やすい位置にしている。
2) 説明会などで出席者が多い場合は、テーブルを教室形式にしている。
3) プロジェクターなどを使う場合はV字に座るなど、出席者が見やすい位置に配置している。
4) オブザーバーの席は、出席者によくわかるように議長の隣にしている。
5) 少人数の場合は、出席者全員の顔が見えるように円形の配置にしている。

問題 25　　　　　　　　　　　　　　　　　　　　　　　　　　　　　［会議と秘書の業務］

次は秘書A子が、社外の人も出席する会議の当日に行ったことである。中から不適当と思われるものを選びなさい。
1) まだ準備中のところに来た出席者には、開始時間少し前に正式受付をすると言った。
2) 欠席の連絡が入った人の机上札をはずし、席をつめて会場設営を行った。
3) 上司に出席予定者が半分ほどしかそろっていないが、開始時間は予定通りかと尋ねた。
4) 出席者から遅刻の連絡が入ったので、どれくらい遅れるかを尋ねた。
5) 開始時間が近づいたので、出欠状況を一覧にして上司に見せた。

問題 26　　　　　　　　　　　　　　　　　　　　　　　　　　　　　　　　［社外文書］

次は、社外文書の書き出しと終わりの部分である。中から不適当と思われるものを選びなさい。
1) 拝啓　ますますご発展のこととお喜び申し上げます。
2) 拝復　ますますご繁栄のこととお喜び申し上げます。
3) 前略　ますますご隆盛のこととお喜び申し上げます。
4) まずは取り急ぎご報告申し上げます。
5) まずは取り急ぎ御礼申し上げます。

問題 27　　　　　　　　　　　　　　　　　　　　　　　　　　　　　　　　［社交文書］

次は秘書A子が、社交文書を作成するときに気をつけていることである。中から不適当と思われるものを選びなさい。
1) 3月だったので「うららかな小春日和が続いておりますが」と挨拶状を書いた。
2) お祝い状は「忌み言葉」を使わないように気をつけた。
3) 取引先に歳暮を贈ったときの通知状には贈ったことと日頃お世話になっているお礼を書き添えた。
4) 在庫の有無が不明だったので照会状で問い合わせた。
5) 地震被災などの見舞状は前文を省略して主文から書き始めた。

問題28　　　　　　　　　　　　　　　　　　　　　　[「秘」文書の取り扱い]

　次は秘書Ａ子が「秘」文書の取り扱いで行っていることである。中から不適当と思われるものを選びなさい。
1)「秘」文書を社内の何名かに配付するときは、一連の番号をつけ配付先を控えている。
2)「秘」文書を持ち出すときは、「秘」文書の印を押した封筒に入れ、さらに別の封筒に入れている。
3)「秘」文書を貸し出すときは、必要なものをコピーして貸している。
4)「秘」文書を郵送するときは、外側の封筒の表面には「秘」と書かずに「親展」と書いている。
5)「秘」文書を郵送するときは簡易書留にし、別に本人に電話で送ったことを知らせるようにしている。

問題29　　　　　　　　　　　　　　　　　　　　　　　　[文書の取り扱い]

　次は秘書Ａ子が、受発信文書の取り扱いについて行っていることである。中から不適当と思われるものを選びなさい。
1) 封書を出すときは、封はテープなどではとめないで、必ずのり付けをしている。
2) 上司宛ての郵便物で公信か私信かわからないものは、とりあえず開封し中身を確認してから渡している。
3) 儀礼的な社交文書を出すときは、封じ目に「〆」の印を書くか封印を押すようにしている。
4) 宛名を書き損じた場合は、新しい封筒に書き直している。
5) 縦長の封筒では、切手を左上に横長の封筒で切手を右上に貼っている。

問題 30　　　　　　　　　　　　　　　　　　　［郵便の知識］

次は、書留郵便について述べたものである。中から不適当と思われるものを選びなさい。

1) 現金書留は、現金書留専用の封筒以外を使用することはできない。
2) 簡易書留は配達記録が残るので、重要な書類などの郵送に向いている。
3) 書留は紛失した場合に賠償があるので、商品券やギフト券などの郵送に向いている。
4) 現金書留には現金以外の通信文などは同封できない。
5) 書留扱いは、ポストに投函することはできず、郵便局の窓口での取り扱いとなる。

問題 31　　　　　　　　　　　　　　　［ファイリング・各種資料の管理］

次は、ファイリング資料収集、管理について述べたものである。中から不適当と思われるものを選びなさい。

1) バーチカル・ファイリングは書類をとじる手間が省け、文書が取り出しやすい整理法である。
2) 受け取った名刺や上司が出して使った名刺は、名刺入れの一番後ろに入れておくと整理がしやすい。
3) 薄い1枚刷りのカタログなどは、ハンギング・フォルダーで整理するとよい。
4) 雑誌や新聞を切り抜くときは、雑誌は次号発行後に新聞は翌日以降にしている。
5) 「落丁」とはページが抜け落ちていることである。

記述問題

実技　マナー・接遇　……記述2問

問題32
[接遇の実際]

秘書A子の上司は外出先から20分ほど帰りが遅れると連絡が入った。予約時間通りに訪れた客にどのように応対するのがよいか。箇条書きで二つ答えなさい。

（　　　　　　　　　　　　　　　　　　　　　　　　　　　）
（　　　　　　　　　　　　　　　　　　　　　　　　　　　）

問題33
[敬語]

次は秘書A子の言葉遣いである。二重敬語になっている「　　」のものを正しい敬語に直し、（　）内に一つ答えなさい。

1) **お客様が応接室へ「お見えになられました」**
（　　　　　　　　　　　　　　　　　　　　　　　　　　　）

2) **お客様が書類を「ご覧いただきになられました」**
（　　　　　　　　　　　　　　　　　　　　　　　　　　　）

実技　技　能　……記述2問

問題34
[グラフの作成]

次は、Y商事における前年度上期と下期における各商品売上高の構成比率を表したものである。これを見やすいグラフにして枠内に記入しなさい。
（定規を使わないで書いてもよい）

	商品A	商品B	商品C	商品D
前年度上期	25%	17%	14%	44%
前年度下期	20%	43%	26%	11%

問題 35　　　　　　　　　　　　　　　　　　　　　　　　　　　　　[郵便の知識]

次は秘書A子が、鈴木産業（株）への請求書を送るのに書いている封筒である。枠の中に (1) 適切な宛名を記入し、(2) 請求書が同封されていることを適切な位置に明記しなさい。

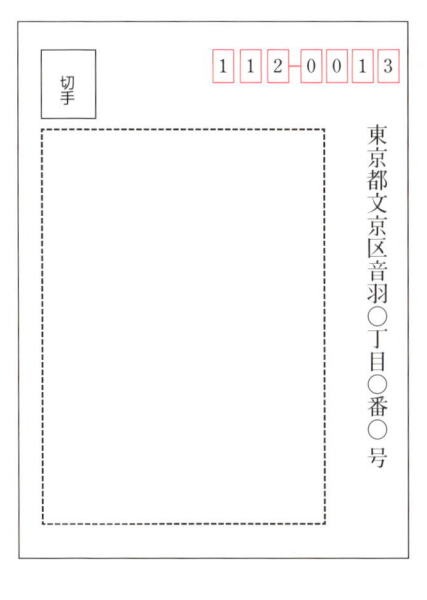

模擬問題・解答と解説

選択問題

◆ 理論【必要とされる資質】

解答：問題1　4)　秘書に必要とされる能力：取り次がない指示　➡ P172

1)○ 所要時間を尋ねることは日程管理上必要である。万一のことを考え、かわりの者でもよいかを尋ねておくのは適切な対応である。
2)○ シンプルで適切な対応である。
3)○ 正確な時間は上司に確認してからとなっているので適切である。
4)× 親切な対応のように思われるが、**秘書としてはふさわしくない対応**である。取り次がない指示なのだから、午後の予定については必ず上司に確認を取ってから連絡するという方法しかない。「頼んでおく」という方法は適切ではない。
5)○ 上司に伝えておくので後ほど連絡という対応は適切である。

解答：問題2　3)　基本的な心構え：ミスへの対応　➡ P166～167

1)× 誤解を解くというよりも言い訳に聞こえてしまう方法である。
2)× 上司は電話中なのだから、このような場合は**ひと声かけるのではなく「メモ」で伝える**のが適切である。
3)○ **たとえ上司の誤解であっても後日機会があるときに説明すれば、上司もわかってくれることである。**
4)× **上司の勘違いや間違い（ミス）**は「明日中との指示があったかと思われますが」のように**確認の形をとる**のが適切である。
5)× 部下との話が終わってからでは遅い。2)の解説同様、メモを入れるのが適切。

解答：問題3　3)　秘書に必要とされる能力：急な日程調整　➡ P174

1)○ 部内の会議なので、課長と相談して調整するのが適切である。
2)○ 来客に対しては、日時を調整するか、**代理の者（課長）を立てる**しか方法はない。
3)× **稟議書に印を押すことは上司になりかわる行為なのでできないが、預かるだけであればよいので「預かっておく」と言うのが適切である**（PART4「組織の中の秘書」p152参照）。
4)○ 社内の人であれば、事情を話して変更してもらうのが適切である。
5)○ 夕方であれば予定通りでよさそうかどうか、秘書として考え尋ねているので適切。

解答：問題4　1)　秘書に必要とされる能力：上司から聞かされていないことへの対応　➡ P172～175

1)○ **上司は営業所へ出かけているのだから連絡を取ることは可能である。よって、このようにすぐ連絡を取り上司の指示を受けて対応するのが適切である。**
2)× Y部長は2時に約束していたのだから、これでは二度手間になってしまう。
3)× Y部長は2時に約束しているのだから、「今日中でないといけないか」と聞いてもあまり意味がない。
4)× 2)の解説通りであり、予約をして訪れたY部長に対し不適切な対応である。
5)× 直接手渡しする資料だからこそ約束したのであり、「どのような資料か教えてほしい」と聞くことは秘書としてふさわしくない。**万一別の資料を渡してしまったら、大変なことになりかねない。**

解答：問題5　3）　秘書に必要とされる能力：上司出張中の社内外の対応 ➡ P172〜175

1) ○ 社内なので販売店の連絡先を教えてもかまわない。
2) ○ 社内なので出張内容を伝え、このように対応するのが適切である。
3) × **いくら親しい友人だからと言って、連絡先や宿泊先を勝手に教えてはいけない。秘書が上司に連絡を取り、上司から直接友人に連絡を取ってもらうようにするのが適切である。**
4) ○ 社内であるし、明日の戻りなので、適切な対応である。
5) ○ 取引先の人にはくわしいことは話さない。戻る日だけ伝えひと言つけ加えるのが秘書として望ましい対応である。

◆理論【職務知識】

解答：問題6　2）　秘書の業務：非定型業務 ➡ P156

1) × 新人の間違いと相手に言うのは言い訳にしかならない。
2) ○ **どちらのミスかを問いただしても意味がない。上司は外出しているのだから、何とか代行者を立てるなどして、会ってもらえるようにするのが一番よい方法である。**
3) × これは事実を述べているだけで、秘書としての対応になっていない。
4) × どちらのミスであれ、来訪されてしまったのだから、何とかしなくてはならない。改めて来てもらうのは不適切。
5) × この対応はまず2）を言って、相手が上司でなくてはダメであるとの返事があってからのことである。

解答：問題7　2）　秘書の業務：マスコミへの対応 ➡ P156

1) × 一応であっても、秘書が勝手に受けてしまってはいけない。
2) ○ **依頼を受けるか断るかは上司が決めることである。秘書としては多忙であり、なおかつ体調もすぐれないのだから、上司が判断しやすいようにできるだけくわしい内容を聞いておくのが適切である。**
3) × 上司に直接ということでは、秘書は必要ないということになってしまう。上司との調整をするために秘書がいるのである。
4) × 無理かどうかは上司自身が判断するので、秘書として不適切な発言である。
5) × 社外の人に上司の体調のことを言うのは、秘書として不適切な発言である。

解答：問題8　4）　秘書の機能と役割：秘書としての基本姿勢 ➡ P152〜153

1) × たとえ理由があったとしても、このまま「参加」で出してしまっては、スケジュールが重なることを秘書が承知で行うことになり不適切である。
2) × たとえ上司が参加の意向であっても、部長会の出欠については秘書として勝手に連絡してはいけない。
3) × A子が上司から指示された仕事を課長に話してみても仕方がない。A子が判断しなければならない。
4) ○ **返信はがきを「参加」で出せば部長会とスケジュールが重なることが明らかな場合、秘書としてどう対処するかが問われている。これは本人（上司）に確認する以外、方法はない。**
5) × 秘書が「なぜ参加するのか」といった理由を上司に尋ねるのは不適切な発言であり、聞いてもあまり意味がない。

解答：問題9　2)　秘書の機能と役割：秘書と上司の関係　➡　P153

1)○　社外での所属団体や人脈（知人・友人など）は知っておく必要がある。
2)×　**黙って離席するにはそれなりの理由があるのだろうから、行き先を詮索しないで戻る時間だけを聞いておけばよい。**
3)○　上司が作成した書類を訂正する場合は、必ず上司の許可や確認を得てから行う。
4)○　上司の私的な面であるが知っておいたほうがよい。
5)○　上司の健康には秘書のできる範囲での心配りが必要である。

解答：問題10　4)　秘書の業務：非定型業務　➡　P156

1)○　外出中の面談予約の適切な対応である。
2)○　稟議書は預かるだけならば秘書が受け取ってもよい。
3)○　あとから上司が相手に連絡を取りやすいようにして連絡先などを聞いておくのも秘書の仕事である。
4)×　**たとえ至急であっても、それを調整するのが秘書の役目**である。**もし直接連絡を取るのであれば、秘書はいらないことになる。**
5)○　プライベートなことだろうから、内容は尋ねないでおくのが適切である。

◆理論【一般知識】

解答：問題11　5)　企業会計・財務・法務の知識　➡　P26〜27、P30〜31

1)○　親会社が「子会社」を包含し、企業グループとしての決算をすることが「連結決算」なので関係がある。
2)○　「債権」は「借金（貸付金）」を請求し、返してもらう権利のことなので関係がある。
3)○　「約束手形」が支払銀行で支払拒絶をされた手形のことを「不渡手形」というので関係がある。
4)○　「社債」とは、株式会社が「資金調達」のために発行する債券のことなので関係がある。
5)×　**「減配」とは、株主への配当金の利率を減らすこと。「抵当」とは借金をするときに、それが返せなくなった場合には自由に処分してもよいという約束で、借り手が貸し手に提供するもの。よって関連はない。**

解答：問題12　1)　カタカナ用語　➡　P38〜41

1)×　**「フロンティア」は「未開拓の分野・領域」のこと。**
2)○　「キャパシティー」は「能力」「受容量」のこと。
3)○　「ポテンシャリティー」は「潜在する力」「可能性」のこと。
4)○　「アビリティー」は「能力」「技量」のこと。
5)○　「プレッシャー」は「圧力（外的・内的な精神的な圧迫）」のこと。

解答：問題13　2)　時事用語　➡　P38〜41

1)○　国連が紛争の収拾を図るために国連軍を現地に派遣するなどの活動のこと。
2)×　**「行政改革」とは、規制緩和など、従来の行政や財政のあり方（システム）を改革すること。**
3)○　外国通貨に対して円の価値が上がること。

4) ○ 製品や商品の欠陥による被害に対し、企業の責任とする制度。
5) ○ 国家の資金、政府による運営資金のこと。

◆ 実技【マナー・接遇】

解答：問題14　5)　秘書と人間関係　➡　P98～99

1) ○ 上司がわかったら、新しい上司の性格や好み仕事の仕方に合わせてこそ信頼関係が築ける。
2) ○ 慣れるまでは、そのつど確認したり尋ねたりするしかないだろう。
3) ○ 前任秘書から教えてもらうことも大切である。
4) ○ 慣れるまでは、注意を受け改善しながら進めていくしかないだろう。
5) **× 上司がかわったら、その上司に合わせたやり方をするのが適切である。何か言われてからやり方を変えるようでは、秘書として不適切な仕事の仕方である。**

解答：問題15　3)　報告の仕方　➡　P106

1) ○ 「ただ今、お時間はよろしいでしょうか」と必ず尋ねてから報告に入るようにする。
2) ○ 重要度、緊急度の高いものから報告する。
3) **× 上司がわかりにくそうなときは、別の機会ではなく「別の言い方」をしてみるのが適切である。**
4) ○ 「ご報告が3点あります」と言ってから報告するのが適切である。
5) ○ 「以上でございます」と言ったあと、念のため質問がないか尋ねるのもよい。

解答：問題16　3)　断り方　➡　P109

1) ○ 断るときは、期待を抱かせないようはっきりと断る必要がある。
2) ○ 代案があれば断りやすい。
3) **× 秘書として断るにしても断り方がある。今後のつき合いも考慮し、丁寧に断る必要がある。事務的に断ると、相手は気分を害することが多い。**
4) ○ 理由や事情を話し、相手に納得してもらう必要がある。
5) ○ 断るにしても、最後まで聞く姿勢は大切である。

解答：問題17　2)　敬語　➡　P114～115

1) ○ 「伝えて」→「お伝え」が適切。「もらえないか」→「願えませんでしょうか」が適切。
2) **× 「お預かりになりました」が「お～なる」と「れる・られる」の二重尊敬語になっている。自分が預かってきたのだから謙譲語で「預かって参りました」「お預かりいたしました」が適切。**
3) ○ 「聞いて」→「お聞きに」が適切。「いないか」→「なっていらっしゃいませんでしょうか」が適切。
4) ○ 「出張」→「ご出張」が適切。「ないか」→「ございませんでしょうか」が適切。
5) ○ 「向こうの」→「あちらの」が適切。「尋ねてもらえないか」→「お尋ねいただけます[ません]でしょうか」が適切。

解答：問題18　4)　接遇用語　➡　P118～119

1)×　「ご苦労様」は目下の者に使う言葉であるので不適切。「お疲れ様でした」が適切。
2)×　「失礼いたします」とひと声かけてから「お茶を下げさせていただきます」が適切な言い方。
3)×　「このたびはおめでとうございます」とお祝いの言葉を述べるのが適切。
4)○　**「そちら」「おじゃま」という言い方で適切である。**
5)×　「失礼ですが、どちら（どなた）様でいらっしゃいますか」が適切な言い方。

解答：問題19　5)　電話応対の実際　➡　P122～123

1)○　このような場合はいったん電話を切ってからかけ直すしかないだろう。
2)○　長くかかってしまう場合は、このように途中で必ずひと声かけること。
3)○　相手に見えない電話でも、お辞儀という態度は声にも表れる。
4)○　「わたくし△△会社の○○と申します」と再度名乗り、だれに伝言したかわかるよう相手の名前を尋ねておく。
5)×　**用件を聞いておくのはよいが、電話をもらうのではなくこちらからかけ直すのが適当な対応である。**

解答：問題20　5)　接遇の実際　➡　P127

1)○　この通りであり、社外の人が参加する場合は奥の席から座ってもらう。
2)○　まずソファーが来客用であり、次に入口から一番遠い席が上座になる。
3)○　タクシーや社用車のように運転手がいる場合は、運転手の後ろが上座になる。
4)○　まずは窓側、次に進行方向と考える。
5)×　和室の場合は、**「床の間の前」が上座**で、次に脇床→床の間が見える席→脇床が見える席の順になる。

解答：問題21　2)　慶事・パーティーのマナー　➡　P134～135

1)○　この通りであり、開始時間帯で判断するか、主催者に聞くしかないだろう。
2)×　**服装の指定や席次が決まっているのは、ディナー・パーティー（晩餐会）である。カクテル・パーティー（飲酒会）の特徴は、指定された時間内ならいつ来ても帰っても自由**なことである。
3)○　パーティーの場合、女性はどうしてもバッグが必要になるが、小さめのものにすること。
4)○　ブッフェ・パーティーは多人数の立食形式のパーティーなので、自由に懇談できる。
5)○　カクテル・パーティーに食事のついた形がブッフェ・パーティーである。料理が出されるのでこのようにしていただくのがマナーである。

解答：問題22　4)　弔事のマナー　➡　P138～141

1)○　会社として香典を出すのだから、前例に従うようにするのが一般的。
2)○　訃報は、社内関係者への連絡を忘れてはいけない。
3)○　供物、供花は**通夜に届けるのが一般的**である。

4)× 代理で参列した場合は、代理であることを言う必要はない。お悔やみを申し上げ、会葬者名簿に上司の名前を書いて左下に「代」と書いておけばよい。
5)○ 会社として香典を出すのだから、社名や役職名も書く必要がある。

解答：問題23　1)　贈答のマナー　➡　P144〜147

1)× 「寸志」とは"目下の人"に対する一般的なお礼のときの上書きであり、訪問時の手土産は「粗品」である。
2)○ 「贈呈」は著者や記念品などを差し上げるときに使われる。
3)○ 入院見舞いは「祈御全快」か「御見舞」になる。
4)○ 「薄謝」「謝礼」が一般的なお礼で、目下の人だけに「寸志」が使われる。
5)○ 祭礼への心付けは「御祝儀」か「御奉納」になる。

◆実技【技能】

解答：問題24　4)　会議　➡　P46〜49

1)○ 記録係はだれが発言したかの記録も取るので、顔が見やすい前のほうが適切である。
2)○ 出席者が多い場合は、教室形式が一般的である。
3)○ プロジェクターを使う場合は人数にもよるが、V字型が一般的である。
4)× オブザーバーとは会議には出席するが、議決権のない人、もしくは傍聴者のことなので、席は後ろのほうが適切である。
5)○ 少人数の場合は、円形テーブルを囲む形が望ましい。

解答：問題25　1)　会議と秘書の業務　➡　P48〜49

1)× 正式な受付は開始○分前なのだろうが、早めに着いてしまった出席者にはいすをすすめたり、待ってもらうコーナーへ誘導するなど、秘書としてそれなりの対応をしなければならない。
2)○ 欠席がわかっている人の席をつめておくと、会場設営がスムーズである。
3)○ 出席者の様子に気を配りつつ、万一開始時間を遅らせると上司が判断したら、その案内は秘書がすることになる。
4)○ 遅れる時間によっては受付をしめるわけにはいかないので尋ねておく必要がある。
5)○ 出欠一覧表をチェックし、上司に見せる必要がある。

解答：問題26　3)　社外文書　➡　P56〜57

3)× 「前略」という頭語は、繁栄を祝う言葉「ますますご隆盛のこととお喜び申し上げます」（前文）を省略するという意味なので、頭語としてふさわしくない。

解答：問題27　1)　社交文書　➡　P60〜61

1)× 「小春日和」とは冬の初めごろののどかで暖かな天気のこと。よって3月には不適切である。
2)○ 忌み言葉の例としては「終わる」「切れる」「消える」「割れる」などがある。
3)○ 中元や歳暮を贈るときは、必ず通知状を出し、日頃のお礼を述べる。
4)○ 今はＥメールでの問い合わせが多い時代だが、正式には照会状で問い合わせる。
5)○ 見舞状（「暑中見舞」「寒中見舞」を除く）は主文から書き始める。

解答：問題28　3)　「秘」文書の取り扱い ➡ P71

1) ○ 配付するときは連番をつけ、だれに何番を配ったかわかるように控えておく。
2) ○ 「秘」文書は二重封筒にするのが適切である。
3) × **「秘」文書を貸し出すときは、上司の許可が必要である。秘書が勝手にコピーしてはならない。**
4) ○ 「秘」文書は本人に開封してもらう必要があるので「親展」で送る。
5) ○ 「秘」文書は書留か簡易書留とし、本人に電話連絡をすること。

（合否の分かれ目）

解答：問題29　2)　文書の取り扱い ➡ P70

1) ○ テープでとめてはいけない。必ずのり付けすること。
2) × **公信か私信か判断できないものは開封してはいけない。開封しないで上司に渡すこと。**
3) ○ 儀礼文書の封書は、のり付けをし、必ず「〆」の印か封印を押すこと。
4) ○ 修正インクや修正テープを使ってはいけない。必ず書き直すこと。
5) ○ 切手を貼る位置は封筒の使い方（縦か横か）により変わる。

解答：問題30　4)　郵便の知識 ➡ P74～77

1) ○ 現金書留は郵便局で売っている専用封筒以外は使用できない。
2) ○ 簡易書留は「秘」文書や原稿などを送るときに適している。
3) ○ 損害賠償額により書留の郵便料金も変わってくる。
4) × **現金書留は香典などの現金とともにお悔やみ状などの通信文を同封することができる。**
5) ○ 2)の配達記録や、3)の損害賠償額の関係上、書留は窓口でのみ取り扱う。

解答：問題31　2)　ファイリング・各種資料の管理 ➡ P80～81、P84～87

1) ○ バーチカル・ファイリングは文書の増減もわかりやすい。
2) × **名刺入れの一番後ろではなく「ガイドのすぐ後ろに入れる」が正しい。よく使う名刺は前に、使わない名刺は後ろの位置になり、年に一度の整理のときの目安となる。**
3) ○ ハンギング・フォルダーは薄いものを整理するのに適している。
4) ○ 切り抜いたあとの整理法も復習しておくこと（p86参照）。
5) ○ 「落丁」はページが抜け落ちていること、「乱丁」は本のページの順序が前後ばらばらにとじられていること。

記述問題

◆実技【マナー・接遇】

解答：問題32　接遇の実際 ➡ P126～129

1. まずは上司が遅れることをおわびし、なるべく待っていただけるようにお願いしてみる。
2. 待ってもらえるようであれば、応接室へ通しお茶を出し、雑誌などをすすめ、待ってもらう。
3. 来客が代理の者でもよいとのことであれば、代理を立て、対応してもらう。
4. 来客が伝言でもよいとのことであれば、上司への伝言を預かる。
5. 待てないということであれば、来客の意向を聞き、こちらから連絡すると言う。

＊「1」は必須の内容で、プラス2～5のいずれか1つ書けばよい。

解答：問題33　敬語　➡ P114〜115

1) 「お見えになりました・お越しになりました・おいでになりました・見えられました」から1つ。
2) 「ご覧になりました・ご覧いただけました・お目通しになりました・見られました」から1つ。
   1) 「お見えになられました」は二重尊敬語。「お〜になる」と「れる・られる」の両方が使われている。
   2) 「ご覧いただきになられました」は二重尊敬語。「お［ご］〜になる」と「れる・られる」の両方が使われている。

◆実技【技能】

解答：問題34　グラフの作成　➡ P64〜65

模範解答は右の通り。
＊構成比率なので「帯グラフ」が適切。
＊タイトル（標題）を記入すること。
＊区切りを点線で結ぶこと。
＊商品名（A〜D）、単位（％）を記入すること。

〈Y商事の前年度各商品売上高〉

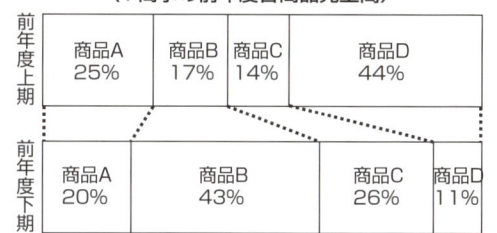

前年度上期	商品A 25%	商品B 17%	商品C 14%	商品D 44%
前年度下期	商品A 20%	商品B 43%	商品C 26%	商品D 11%

解答：問題35　郵便の知識　➡ P74

(1) **模範解答は右の通り。**
＊（株）と略さずに「株式会社」と書くこと。
＊宛名は「御中」が適切。
＊「様」「殿」「何もつけない」は不適切。

(2) **模範解答は右の通り。**
＊「請求書」でも「御請求書」でもよい。
＊切手の下の位置（外脇付けの位置）に縦書きで入れる。
＊「在中」と必ずつけるのが適切。

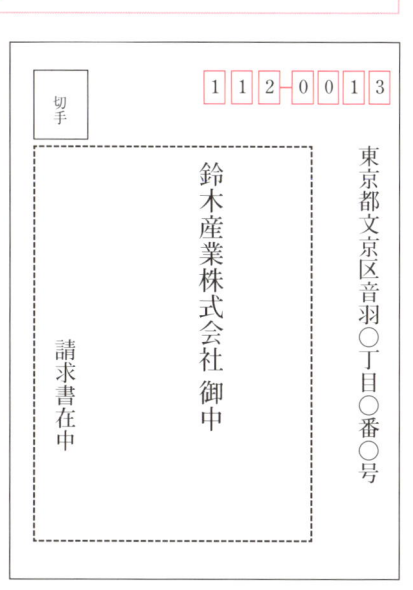

〒112-0013
東京都文京区音羽〇丁目〇番〇号
鈴木産業株式会社　御中
請求書在中

著者

横山 都　　よこやま みやこ

大手旅行会社で旅行業務一般と秘書業務を担当後、学校法人で役員秘書を経験。以降、大学、短期大学などで秘書実務教育に携わり、各所で秘書検定1〜3級すべての対策講座の講師を務める。フリーの企業研修講師として、主にヒューマンスキル研修、メンタルヘルス研修講師兼カウンセラーの活動に精を出している。

〈著書〉
『これで合格！ 秘書検定2級・3級頻出ポイント＆実戦問題』『スピード合格！ 秘書検定2級 頻出模擬問題集』『7日で合格！ 秘書検定2級・3級 テキスト＆[一問一答]問題集』『マンガでわかる出る順で学べる　秘書検定2級・3級テキスト＆問題集』（高橋書店）

編集協力　㈱文研ユニオン、荒木久恵
イラスト　飯田貴子
協　力　㈱ワオ・コーポレーション

合格レッスン！
秘書検定2級 頻出ポイント完全攻略

著 者　横山 都
発行者　高橋秀雄
発行所　株式会社 高橋書店
　　　　〒170-6014 東京都豊島区東池袋3-1-1 サンシャイン60 14階
　　　　電話　03-5957-7103

ISBN978-4-471-27031-5　　©TAKAHASHI SHOTEN　　Printed in Japan

定価はカバーに表示してあります。
本書および本書の付属物の内容を許可なく転載することを禁じます。また、本書および付属物の無断複写（コピー、スキャン、デジタル化等）、複製物の譲渡および配信は著作権法上での例外を除き禁止されています。

本書の内容についてのご質問は「書名、質問事項（ページ、内容）、お客様のご連絡先」を明記のうえ、郵送、FAX、ホームページお問い合わせフォームから小社へお送りください。
回答にはお時間をいただく場合がございます。また、電話によるお問い合わせ、本書の内容を超えたご質問にはお答えできませんので、ご了承ください。本書に関する正誤等の情報は、小社ホームページもご参照ください。

【内容についての問い合わせ先】
　書　面　〒170-6014 東京都豊島区東池袋3-1-1 サンシャイン60 14階　高橋書店編集部
　ＦＡＸ　03-5957-7079
　メール　小社ホームページお問い合わせフォームから　（https://www.takahashishoten.co.jp/）

【不良品についての問い合わせ先】
　ページの順序間違い・抜けなど物理的欠陥がございましたら、電話03-5957-7076へお問い合わせください。
　ただし、古書店等で購入・入手された商品の交換には一切応じられません。